启秀文库

孙宜学◎主编

增广贤文

刘莹莹◎译注

朝華出版社
BLOSSOM PRESS

图书在版编目（CIP）数据

增广贤文 / 刘莹莹译注． -- 北京 ： 朝华出版社，2025．7． --（启秀文库 / 孙宜学主编）． -- ISBN 978-7-5054-5647-1

Ⅰ．H194.1

中国国家版本馆 CIP 数据核字第 2025FM9410 号

增广贤文

刘莹莹　译注

选题策划　黄明陆
责任编辑　葛　琼
责任印制　陆竞赢　訾　坤

出版发行　朝华出版社
社　　址　北京市西城区百万庄大街 24 号　　邮政编码　100037
订购电话　（010）68995509
联系版权　zhbq@cicg.org.cn
网　　址　http://zhcb.cicg.org.cn
印　　刷　三河市龙大印装有限公司
经　　销　全国新华书店
开　　本　920mm × 1260mm　1/16　　字　　数　186 千字
印　　张　14.5
版　　次　2025 年 7 月第 1 版　　2025 年 7 月第 1 次印刷
装　　别　精
书　　号　ISBN 978-7-5054-5647-1
定　　价　52.00 元

“启秀文库”编委会

总序

中国传统文化经典作品是中国智慧的结晶和集中体现，源于中国人的生存智慧、生命智慧，是一代代中国人对天地万物、时序经纬的心灵感悟和提炼总结，已成为人类精神文明的宝贵财富。至今，这些作品仍能释日常生活之惑、解亘古变化之谜，为世界的未来提供中国范式。

中国和世界需要既包蕴中国传统文化精髓，又能真实反映新时代中国文化新发展、新概念的中国传统文化经典著作，这样的著作应具备以下特点：

1. 兼具知识的广度与理论的深度。能撷取中华优秀传统文化的精华，体现中国人的思维方式和中国文化特质，同时具有内在的理论逻辑，集知识性、系统性、科学性于一体。

2. 兼具学术的高度和历史的维度。能讲清楚“何谓‘文’”“何谓‘化’”和“何谓‘文化’”，并立足于中国和世界文化发展史，以中国传统文化典籍为历史线索，阐释、勾勒出中国文化发展历史的昨天、今天和明天。引导读者通过中国文化内涵的特殊性和普适性元素了解中国文化如何不断推陈出新，中国智慧如何不断博观约取、吐故纳新。

3. 兼具精准的角度和客观的态度。能基于读者的客观诉求、阅读习惯和审美习惯，充分发掘和利用中国的地域、经济和文化特点，全面深入研究中国文化资源，保证经典著作能“贴近不同区域、不同国家、不同群体受众”，更直接有效地“推进中国故事和中国声音的全球化表达、区域化表达、分众化表达”。

4. 兼具多元的维度与开放的幅度。能基于世界阅读中国的目标，从中外文化互鉴视角，成为世界文化多维度交流互鉴的载体和可持续阐释的源文本。

我们选编这套“启秀文库”，即因此，并为此。中国人阅读这些作品，可以学会更好地生活；外国人阅读这些作品，可以了解和理解中国人的美好生活是一种什么样的历史形态。中外读者共同汲取其中的智慧，可以知道如何建设一个和谐美丽的世界，以及未来的世界会如何美好。

伟大的经典作品，都是为了将日常的生活变得更加美好。在建设“人类命运共同体”的今天，中国文化的精神滋养不应只培育中华民族子孙的天下情怀，还应引导世界人民学会欣赏中国之美、中国之魂、中国之根，在促使世界更深刻理解中国的历史和当代的同时，实现不同民族文化的和谐相处、共生共进。

在中华民族开启向第二个百年奋斗目标进军的新征程之际，中国文化发展也必将进入一个新阶段。这套丛书的时代价值，在于其将“中华文化感召力、中国形象亲和力、中国话语说服力、国际舆论引导力”融入编写、注释和诠释的全过程，从而使传统文化经典作品更能适应新时代，更有能力承载与传播中华文化精髓，向世界讲好中国故事。

孙宜学

2024年7月

于同济大学

前言

《增广贤文》原名《昔时贤文》《古今贤文》，其汇集了从古至今的各种名言、谚语、金句，是文人雅士们的智慧结晶。《增广贤文》以简洁明了、通俗易懂的语言，深刻阐述了人生哲理、处世智慧和修心法则。它是一部具有悠久历史和深厚文化底蕴的经典之作。

与其他经典古籍不同的是，它并非一人一时之作，而是经过长时间流传、增补才最终定型的。此书确切成书年代至今成谜，但根据现有资料，其书名最早见之于明代万历年间的戏曲《牡丹亭》，据此可推知此书最迟写成于万历年间。此后经明清两代文人不断增补与修订，内容日益丰富。特别是清代学者周希陶对《增广贤文》进行了新的编排，形成了《重定增广》版本，使得这部书更加系统和完善。

《增广贤文》以有韵的谚语和文献佳句选编而成，读起来抑扬顿挫，易于记诵。其语言简练而富有哲理，往往能一针见血地指出问题的本质。内容广泛而无所不包：从修身养性到为人处世，从人际关系到社会现实，甚至于礼仪道德、典章制度、风物典故、天文地理，体现了儒、释、道等多种思想，蕴含着丰厚的人生智慧。

具体说来，本书主要有以下主题：

一、修身养性：自我提升的基础

书中强调，修身养性是每个人立身处世的基础。如“静坐常思己过，闲谈莫论人非”这句话，告诫我们要时常反省自己的过错，不要在背后议论他人的长短；又如“良药苦口利于病，忠言逆耳利于行”，提醒我们要虚心接受批评和建议，因为这些都是对我们成长有益的“良药”和“忠言”。

二、为人处世：谨言慎行，以德立身

在为人处世方面，书中提供了丰富的指导原则。如“近朱者赤，近墨者黑”告诫我们，要选择良好的环境和朋友，以免受到不良影响；“言必信，行必果”强调了诚信的重要性，一个人只有言行一致，才能赢得他人的信任和尊重。这些原则都是我们在社会中立足、发展不可或缺的基石。

三、人际关系：和为贵，忍为高

书中非常重视人际关系的处理。如“忍得一时之气，免得百日之忧”教导我们，在面对冲突和矛盾时，要学会忍耐和退让，以避免更大的纷争和忧虑；“和气生财”强调了和谐的人际关系对于事业成功的重要性。这些金句告诉我们，以和为贵、以忍为高，就能在复杂的人际关系中游刃有余。

四、社会现实：洞察世态，明辨是非

书中对于当时的黑暗社会现象也进行了深刻的批判。例如，“画虎画皮难画骨，知人知面不知心”揭示了人性的复杂和社会的险恶；“贫居闹市无人问，富在深山有远亲”讽刺了社会的世态炎凉和人情冷暖。这些句子让我们更加清醒地认识到社会的现实和人性的多面性。

当然，尽管《增广贤文》作为一部处世经典，具有极高的价值，但它也存在一定的局限性。首先，由于成书于古代社会，其中的一些观念和思想难免受到当时历史条件和文化背景的局限。例如，书中对于女性角色的定位和期待，就反映了古代社会的男权思想。一些劝诫和格言虽然具有普遍性，但在具体应用时需要结合现代社会的实际情况进行理解和运用。例如，“宁为玉碎，不为瓦全”出自《北齐书·元景安传》，在现代社会中，一方面，在

维护国家、集体、他人利益的同时，也需学会保护自己；另一方面，如果暂时的妥协对国家、集体、个人都更有利的话，寻求妥协与合作也不失为明智之举。其次，由于《增广贤文》是一部汇编性质的著作，其中的内容难免存在重复和矛盾之处。读者在阅读时需要具备批判性思维，学会辨别和筛选其中的有益信息。例如，书中既有"忍一时风平浪静"的劝诫，也有"路见不平一声吼"的豪迈，这两种看似矛盾的态度，实际上需要读者根据具体情境进行权衡和选择。

本书正文分为原文、译文、处世智慧三部分。其中，"译文"部分以直译为主、以意译为辅；"处世智慧"部分是对原文的赏析及引申拓展。

作为一部处世经典和人情世故的宝典，《增广贤文》对于读者而言，具有极高的实用价值和文化意义。它不仅深刻揭示了人性的复杂和社会的现实，而且提供了丰富的处世智慧和道德规范。然而，在阅读和应用这部著作时，我们也需要注意其历史局限性和具体情境的适用性，批判性地学习和吸收其中的文化精髓，以便更好地应对复杂多变的社会环境和人生挑战。

目录

一 昔时贤文

昔时贤文，诲汝谆谆[①]。集韵增广，多见多闻。观今宜鉴古，无古不成今。

注释

① 诲汝谆谆：耐心恳切地教导你。《诗经·大雅·抑》："诲尔谆谆，听我藐藐。"

译文

过去的贤人文士所著的文章，谆谆教诲着你。它们汇集优美的语句，增添广博的知识，让你能够开阔眼界，增长智慧。观察当今的世事，应当借鉴古代的历史，因为如果没有古代的积累与启示，就没有当今的世界。

处世智慧

《增广贤文》开篇这几句话强调了学习的重要性。

古代的贤人留下的文字对我们有很好的教诲作用，通过学习这些文字，我们能够汲取智慧，开阔眼界。同时，学习不能仅仅局限于书本知识，还要广泛涉猎各种领域，从而增长见识，丰富自己的内涵。

历史是一面镜子，通过观察历史，我们从中获得经验和教训，为现实生活提供指导和借鉴。唐太宗李世民曾说，"以史为镜，可知兴替"，正是强调了借鉴历史经验对于掌握事物发展规律、研判事物发展趋势的重要作用。无论是治国理政、为人处世，还是个人成长，我们都可以从历史中找到可供参考的范例和警示。

二 知己知彼

知己知彼[①]，将心比心。

注释

①知己知彼：对敌我双方的情况都能了解透彻。《孙子兵法·谋攻篇》："知彼知己者，百战不殆；不知彼而知己，一胜一负；不知彼不知己，每战必殆。"

译文

要了解自己，也要了解他人；设身处地地为别人着想，就像为自己着想一样。

处世智慧

这句话强调了了解自己和他人，以及换位思考的重要性。

《孙子兵法·谋攻篇》中，明确提出"知己知彼，百战不殆"的观点。"知己知彼"不仅在军事上具有重要意义，在为人处世、人际交往等领域，也有着广泛的应用。我们首先要清楚自己的优势、劣势、需求和期望，这是"知己"的部分。同时，我们也要了解他人的性格、习惯、喜好和立场，这是"知彼"的部分。通过知己知彼，我们可以更好地理解自己和他人的行为，避免误解和冲突，同时也能更有效地与他人合作和沟通。

"将心比心"则是一种换位思考的思维方式。它要求我们在与他人交往时，能够设身处地地理解对方的感受和需求，站在对方的角度思考问题。宋代朱熹在《朱子语类·大学三》中所说的"俗语所谓'将心比心'，如此，则各得其平矣"，便是强调，在处理人际关系时，应该设身处地地为对方着想，以理解和体验对方的感受。这种思维方式有助于我们建立更深厚的人际关系，只有我们真正理解对方时，才能更好地满足对方的需求，从而增进彼此之间的信任和友谊。

三 酒逢知己饮

酒逢知己饮，诗向会[①]人吟。

注释

①会：理解，懂得。

译文

美酒要同知心朋友一起畅饮，诗词要向真正理解的人吟咏。

处世智慧

这句古语强调了友情与共鸣的重要性。

当遇到真正理解和欣赏自己的人时，与其一同饮酒会更加愉快和有意义。这里的“知己”，指的是那些与你心灵相通的人，比如，“高山流水”中的俞伯牙和钟子期。俞伯牙是古代的著名琴师，而钟子期则是他的知音。每当俞伯牙弹琴时，无论他心中想的是巍峨的山岭，还是宽广的江河，钟子期都能准确地道出他的心声。与知心好友在一起饮酒，不仅能够分享快乐，还能在彼此的理解和陪伴中找到心灵的慰藉。

同样，当我们吟咏诗歌时，也希望与那些能够欣赏我们才华、理解我们情感的人分享诗歌的韵味与深意。与那些真正懂得诗歌、能够欣赏其美妙之处的人一起吟咏诗歌，是一种更为深刻和有意义的体验，因为诗歌创作和欣赏中的共鸣非常重要。

四　相识满天下

相识满天下，知心能几人？

译文

天底下认识的人众多，但心意相通的知心朋友，又能有几个呢？

处世智慧

这句话强调了知心朋友的稀缺和珍贵，同时也体现了人们对于真挚友情的渴望和珍视。

在中国古代，许多文人墨客之间的深厚友情被传为佳话，他们或是因为共同的志趣而相互吸引，或是因为彼此间的理解和支持而成为知己。诸如李白与杜甫、柳宗元与刘禹锡、白居易与元稹……知是什么？是心灵相通，无话不谈；是患难与共，情深意长；是志同道合，携手并肩；是岁月静好，与君同享。

在如今的社交场合中，人们能够迅速结识许多新朋友，但真正的友情，需要经过时间的考验和深入的了解，还需要缘分。因此，能够拥有几位知心朋友，是一件非常难得的事情。

五 相逢好似初相识

相逢好似初相识，到老终无怨恨心。

译文

倘若人们在每次相逢时，都像是初次相见那样热情周到和互相尊敬，即使相交到老也不会心生怨恨。

处世智慧

这句话表达了一种理想的人际关系状态。

无论相处多久，都要保持初识时的热情和新鲜感，这样就能避免因为长时间相处而产生的怨恨和矛盾。该句强调了相互理解、尊重和珍惜的重要性，是对于和谐人际关系的一种美好向往。

清代词人纳兰性德说：“人生若只如初见，何事秋风悲画扇。”这句词表达了对初见时光的怀念与珍视。当我们与他人初次相识时，往往会怀着好奇和尊重的心态，愿意去了解对方，接纳对方的不同。然而，随着时间的推移，我们会因为熟悉而变得疏忽，甚至因为一些琐事而产生矛盾。如果我们能够像初识时那样去理解和尊重对方，用心去沟通和交流，那么即使相处到老，也不会产生怨恨和矛盾。

六 近水知鱼性

近水知鱼性，近山识[1]鸟音。

注释

① 识：辨别。

译文

靠近水域，才能深入了解各种鱼儿的习性；靠近山林，方能辨别各种鸟儿的鸣叫声。

处世智慧

这句话不仅是对自然现象的描绘，更蕴含着深刻的处世智慧。

要想真正了解某一事物或领域，就必须深入其中，亲身体验。就像只有靠近水域，才能观察到鱼儿的习性，了解它们的生活方式；只有走进山林，才能辨别鸟儿的声音，感受它们的喜怒哀乐。同样，在人际交往和社会生活中，我们也只有通过亲身参与和观察，才能深入了解他人的性格、喜好和需求，从而建立更好的人际关系。

七 易涨易退山溪水

易涨易退山溪水，易反易覆小人心。

译文

山间的溪水，时而涨满，时而退去，变化无常；而那些心术不正的小人的心思，也如同这溪水一般，反复无常，难以捉摸。

处世智慧

这句诗以山间溪水的涨退为喻，形象生动地揭示了小人内心的善变与不可靠。

山间溪水的涨退变化无常是自然界中事物变化的普遍规律：一

切事物都是不断发展变化的，没有永恒不变的东西。而这种变化也存在于人的心中。

小人的心如同山间溪水一般，难以预测和把握。他们出于个人利益或情绪的影响，往往做出背信弃义、反复无常的事情。在面对复杂多变的人性和世界时，我们应保持冷静和客观的态度。不要被小人的表面所迷惑，也不要轻易被外界因素所影响，要用理性和智慧去辨别真假善恶、是非对错。

八 运去金成铁

运[①]去金成铁，时来铁似金。

注释

①运：运势。

译文

当运势不佳时，即便是贵重的金子也黯淡无光，如同废铁一般；而当机遇来临，即便是废铁也能焕发金光，犹如贵重的金子。

处世智慧

这句话突出了运势和时机对于事物价值的影响。

当一个人的运势不佳时，即使他很有价值，也可能会因为环境恶劣或时机未到而无法体现；然而，当机遇来临，他的运势转好时，即便他很平凡，也能产生很高的价值。比如唐朝诗人高适，其才情出众，但他的少年时代，生活贫困，有时甚至需要靠乞讨过活。据《旧唐书》，“适少濩落……以求丐取给”。然而。在安史之乱等关键时期，五十多岁的高适凭借出色的指挥能力和战略眼光，为唐朝的稳定和繁荣立下了赫赫战功。

事实上，事物的价值并非一成不变，而是会随着时机和运势的变化而有所不同。有些人在逆境中坚持不懈，最终抓住机遇，实现了从平凡到卓越的转变；而有些人则在顺境中得意忘形，最终因为错失良机而一蹶不振。

九 读书须用意

读书须用意[①]，一字值千金[②]。

注释

①用意：用心、专注。②一字值千金：《史记·吕不韦列传》："布咸阳市门，悬千金其上，延诸侯游士宾客有能增损一字者予千金。"意思是称赞文辞精妙，不可更改。

译文

读书时务必专心致志，深入思考，因为书中的每一个字都蕴含着千金的价值。

处世智慧

这句话传递了读书学习要深刻理解的观点。

读书并非简单地浏览文字，而是需要用心去理解，去感悟。每一个字、每一个词，都蕴含着作者的思想和情感，只有当我们真正用心去读，才能体会到其中的深意和价值。知识，是人类认识世界、改造世界的重要工具。战国时，吕不韦组织门客编写《吕氏春秋》。书成后公布于咸阳城门旁，声称能改动一字者赏千金。吕不韦此举虽然是为了彰显自己的声望，但也恰恰体现了知识的重要性。在知识的海洋中，每一个字都可能成为我们前行的灯塔，指引我们走向更广阔的天地。

一〇 逢人且说三分话

逢人且说三分话，未可全抛[①]一片心。

注释

①抛：投，扔。

译文

与人说话时，只说三分，不可毫无保留地说出自己内心的全部想法。

处世智慧

这句话告诫人们在人际交往中，要慎言。

人际交往中，我们需要把握一定的分寸感，不可轻易向他人透露自己的全部心思和秘密。

因为人心难测，我们并不清楚对方是否值得信任。如果我们毫无保留地倾诉，可能会被别有用心的人利用，甚至陷入危险的境地。所以，我们应该学会说话只说三分，保留一部分自己的真实想法和感受。这样做可以保护自己的利益和隐私。

拿捏说话的分寸感是一个重要的社交技巧，它涉及对语境、对方反应以及信息敏感度的把握。比如说，在不同的场合和情境，使用不同的交流方式；在交流过程中，耐心倾听对方的观点和意见；使用中性、客观的语言，避免过于主观或偏激的言辞；避免过度分享个人私事或敏感信息，留下一定的隐私空间。

十一 有意栽花花不发

有意[①]栽花花不发，无心插柳柳成荫[②]。

注释

① 有意：用心。② 荫：树荫。

译文

用心栽种的花朵没有绽放，随意插下的柳枝却生长茂盛，最终形成了树荫。

处世智慧

这句话揭示了事情的发展充满了各种不可预料性的道理。

生活中的许多事情并不总是按照我们的意愿和期望去发展。我们经常会遇到付出很多努力却得不到预期结果的情况，这时便需要学会接受现实，及时调整心态，让事情自然发展，而不是过分干预和强求。

与之相对的是，有时候，一些不经意间的行为或决定，反而能带来意想不到的好结果。这提醒我们，要保持开放的心态，珍惜每一个可能的机会。

十二 画虎画皮难画骨

画虎画皮难画骨，知人知面不知心。

译文

画老虎时，画出它的皮毛相对容易，但要画出它的骨相却非常困难；同样地，认识一个人时，看到他的外表和行为相对容易，但要了解他的内心世界和真实想法却很难。

处世智慧

这句话提醒我们，在观察事物时要深入本质，不要被表象所迷惑。

在交往中，世人往往只能看到对方的外在表现，如言行举止、外貌穿着等，却难以看清对方的内心。这是因为人们常常善于隐藏自己的真实想法和情感，使得彼此在交往中很难一眼看透。

十三 钱财如粪土

钱财如粪土，仁义值千金。

译文

金钱和财富像粪土一样没有什么价值，而仁爱和道义则很贵重。

处世智慧

这句话体现的是“重义轻利”的儒家思想。孔子在《论语·里仁》里提出的“君子喻于义，小人喻于利”，指出了君子与小人在对待义、利问题上的根本区别。

“钱财如粪土”，并不是真的说钱财毫无价值，而是强调在道德和精神追求面前，过度的物质追求显得微不足道，甚至可能成为腐蚀人心的东西。“仁义值千金”则强调了仁义道德的重要。

在儒家思想中，仁义被视为最高的道德准则，是人与人之间相处的基本规范。一个人如果具备了仁义之心，就能够公正无私地去关爱他人、尊重他人，从而赢得他人的尊重和信任。这种精神上的富足和满足，是任何物质财富都无法替代的。

十四 流水下滩非有意

流水下滩非有意，白云出岫①本无心。

注释

① 岫（xiù）：山谷或峰峦。

译文

水流向下面的滩地时，并不是出于某种特定的意图或目的；白云从山峦间飘出，也是无心之举。

处世智慧

这句话告诉我们，自然界中万物的运行，皆遵循自然规律，无须人为干预。

流水以其自然之态，向地势低处流淌。白云从山峦间飘出，同样没有刻意为之。它们都是顺应自然法则的体现，不受任何主观意志的驱使。

道家强调顺应自然、无为而治，这一思想与这句诗所表达的人生态度相契合。道家认为，人应该像自然一样保持其本真与和谐，不被外界的纷争所困扰。

在面对生活中的种种挑战与变化时，人应像流水和白云一样，保持一颗平常心，随遇而安，顺其自然。

十五 当时若不登高望

当时若不登高望，谁信东流海洋深。

译文

如果当初没有登上高处去眺望，谁又能相信那细小的河流最终会汇成如此深邃的海洋呢？

处世智慧

这句话表达了站位高远的重要性，以及通过亲身经历和观察才能深刻理解事物本质的道理。

荀子在《劝学》中写道："故不登高山，不知天之高也；不临深溪，不知地之厚也。"荀子通过比喻，强调了亲身实践对于认知世界的重要性。只有亲身经历过高山深溪，才能真正理解天高地厚的含义。王之涣《登鹳雀楼》中的"欲穷千里目，更上一层楼"所传达的意思也是如此。很多时候，只有当我们亲自去尝试、观察，去探索、实践，才能拥有更广阔的视野和更深刻的认知。

十六 路遥知马力

路遥知马力，事久知人心。

译文

路途遥远，才能知道马的耐力；做事久了，才能了解人的好坏。

处世智慧

这句话强调了时间和经历对于了解事物本质的重要性。

在漫长的旅途中，我们可以逐渐发现马匹的真正耐力；同样，在长时间的相处和共同经历中，我们也能更深刻地理解一个人的性格、品质和内心的真实想法。

唐太宗李世民在《赠萧瑀》一诗中有“疾风知劲草，板荡识诚臣”之句，南宋的文天祥在《正气歌》中亦写道：“时穷节乃见，一一垂丹青。”这些诗句都强调了时间和经历对于了解事物本质的重要性。

因此，在面对人或事物时，我们要有耐心和远见，不要急于下结论或做决定，而是要通过长时间的观察和实践来逐渐深入地了解其本质和真实情况。

十七 两人一般心

两人一般心，有钱堪买金。一人一般心，无钱堪[1]买针。

注释

① 堪：能够。

译文

如果两个人心意相通，团结一致，那么他们合作起来就能赚到足够买黄金的财富。但如果想法不一，就会因为意见不同而难有成就，甚至沦落到连一根针都买不起的地步。

处世智慧

这两句话强调了团结合作的重要性。

《周易》里说：“二人同心，其利断金；同心之言，其臭如兰。”《淮南子·兵略训》里也有“千人同心，则得千人力；万人异心，则无一人之用”的话。这些话都阐述了团队合作中同心协力则无坚不摧、锐不可当。但如果团队成员各自为政、互不信任，那么即使是再有能力的人也难以取得大的成就。

十八 相见易得好

相见易得好，久住难为人。

译文

初次见面时，很容易融洽相处；但长时间住在一起，就会由于各种原因而产生矛盾，使得相处变得不愉快。

处世智慧

这句话揭示了人际关系的动态变化过程。

初次相见时，人们往往展现出自己最好的一面，彼此之间的交往基于礼貌和热情，因此容易建立良好的关系。随着时间的推移，热情消退，真实的自我逐渐显露，人和人之间的差异，包括生活习惯、性格特点、价值观等深层次的差异，可能导致相处中的摩擦和不适，从而生出嫌隙。这句话提醒我们，人际关系不是一成不变的，而是需要双方共同努力去维护和发展。在与人相处时，要有心理准备，并学会适应和调整。

十九 马行无力皆因瘦

马行无力皆因瘦，人不风流只为贫①。

注释

① 贫：贫困，缺乏钱财。

译文

马行走无力，往往是因为它瘦弱；人不够风流潇洒，很多时候是因为贫困。

处世智慧

这句话以马瘦行无力来比喻人因贫困而难以展现风采。

但事实上，物质条件虽能在一定程度上影响外在表现，但非决定因素。唐朝王勃的《滕王阁序》里就有“穷且益坚，不坠青云之志”的名句。

真正的魅力与风采，源自内在品质、学识与修养，而非单纯依赖财富。贫困不应成为限制个人发展与展现风采的借口，关键在于自我提升与不懈努力。

二〇 饶人不是痴汉

饶[①]人不是痴汉[②]，痴汉不会饶人。

注释

①饶：饶恕、宽容。②痴汉：愚痴的人。此处指缺乏思考与判断力的人。

译文

能够宽容、饶恕别人的人，并不是愚蠢或不明事理的人；相反，那些愚蠢或不明事理的人，往往不懂得宽容、饶恕别人。

处世智慧

这句话深刻揭示了宽容与智慧之间的关联。

官渡之战前，陈琳为袁绍撰写檄文，痛骂曹操及其先祖。战后，陈琳被俘。曹操质问陈琳为何骂他祖宗，陈琳表示是形势所迫。曹操鉴于陈琳的才华，非但没有报复，反而宽恕了他，并任命他为司空军谋祭酒，管记室。后又提拔为门下督。这一举动展现了曹操的宽容与惜才之心，他也因此收获了陈琳的忠诚。

真正有智慧的人，懂得在适当的时候给予他人宽容与饶恕，能够达到一举两得、两全其美、事半功倍的效果。而那些不懂得宽容和饶恕的人，往往会因为自己的狭隘和固执而失去人心，最终陷入孤立无援的境地。

二一 是亲不是亲

是亲不是亲，非亲却是亲。

译文

是亲人却不像亲人一样亲密，不是亲人却如亲人般亲近。

处世智慧

这句话深刻地揭示了人与人之间关系的复杂性与多样性。

管仲和鲍叔牙是春秋时期齐国的两位贤臣，他们之间的友谊超越了血缘关系。管仲家境贫寒，出身贵族的鲍叔牙多次在经济上帮助他，并在政治上支持他。他们之间深厚的友谊成为后世传颂的佳话。

血缘关系虽然天然存在，但并不能保证情感的亲密度与关系的和谐。相反，那些没有血缘关系的人，可能因为共同的理想、经历、情感支持等，而建立起比血缘纽带更坚固的情感纽带。

二二 美不美，乡中水

美不美，乡中水。亲不亲，故乡人。

译文

不管甜不甜美，只要是家乡的水，就觉得美好；不管是不是亲人，只要是故乡来的人，就觉得格外亲切。

处世智慧

这两句话表达了人们对故乡深深的眷恋。

家乡的水，无论是否甜美，都因承载着我们的记忆与情感而格外珍贵；而故乡的人，无论是否是血亲，那份同根同源的情谊，都让我们倍感亲切。

无论世事如何变迁，家乡都是人们心灵的情感归宿。

二三 莺花犹怕春光老

莺花犹怕春光老，岂可教人枉度春①。

注释

① 春：青春年华。

译文

黄莺和鲜花都害怕春天匆匆流逝，我们又怎能让自己大好的青春白白浪费掉呢？

处世智慧

这句话是在劝诫人们珍惜时光。

东晋时期的陶侃是一位非常珍惜时间的人。《晋书·陶侃传》说："大禹圣者，乃惜寸阴，至于众人，当惜分阴。"即便是大禹，在那样繁忙的政务中，也仍然珍惜每一寸光阴，不轻易让时间流逝。

南宋的岳飞在《满江红》里写道，"莫等闲，白了少年头，空悲切"，告诉年轻人不要虚度光阴，否则到老时只能悲伤感叹了。

青春易逝，岁月难留。我们应该把握住生命的每一个瞬间，积极追求梦想与目标，不让年华虚度。

二四 相逢不饮空归去

相逢不饮空归去，洞口桃花也笑人。

译文

当朋友相逢时，如果不举杯共饮就离去，那么就连山洞口的桃花也会嘲笑这样的行为。

处世智慧

这是一句劝酒的话，体现了中国古代的饮酒文化。

自古以来，酒不仅是饮品，更是情感交流的媒介。朋友相逢，举杯共饮，能加深彼此间的情谊，使相聚的时光更加难忘。

不论是白居易的"晚来天欲雪，能饮一杯无"，孟浩然的"开轩面场圃，把酒话桑麻"，还是李白的"我醉欲眠卿且去，明朝有意抱琴来"，杜甫的"盘飧市远无兼味，樽酒家贫只旧醅"，等等，无一不说明了酒在友情中的独特作用。

二五 红粉佳人休使老

红粉[1]佳人休使老，风流浪子莫教贫。

注释

① 红粉：胭脂和铅粉，泛指女子的化妆品。

译文

不要让美丽的佳人老去，不要让风流倜傥的浪子陷入贫困。

处世智慧

这句话蕴含了对美好事物的珍视与关怀。

战国时期楚国名士屈原的《离骚》中有“惟草木之零落兮，恐美人之迟暮”之句。自古以来，人们喜将“美人迟暮”与“浪子困顿”相连，不仅是因为它们在情感上有着相似的悲凉与无奈，更是因为美好事物往往不能永久存在。此则表达了岁月无情，世事无常，要珍惜眼前人，珍惜青春时光的美好心愿。

二六 在家不会迎宾客

在家不会迎宾客，出路方知少主人。

译文

在家里不热情迎接和款待宾客，等到自己出门在外时，才发现没有人招待自己。

处世智慧

这句话强调了待人接物的重要性，以及它在个人成长和社交生活中的作用。

在中国，礼仪被视为社会交往的基石，尤其是待客之道，更是体现了主人的修养与品德。战国时期，中山国君因一碗羊肉羹未能均分，导致司马子期怀恨在心，最终引来了灭国之祸。“司马怒羹”这一典故从侧面反映了待人接物中细微之处的重要性，若主人不能做到公平公正、热情周到，很可能会在不经意间埋下祸根。

在家中待客要热情，因为这不仅是对他人的尊重，也是为自己日后出门在外时能够得到他人的热情接待打下基础。在人际交往中，你如何对待他人，他人也将如何对待你。

二七　黄金无假

黄金无假，阿魏[①]无真。

注释

①阿魏：一种中草药，具有独特的药用价值。因生于戈壁滩及荒山上，且产量稀少，所以在市场上很难见到真的阿魏药材。

译文

黄金是没有假货的，但阿魏这种药材却没有真货（或很难分辨真假）。

处世智慧

这两句揭示了越是广为人知的，越难以造假。

黄金，因其良好的流通性，为世人所熟知，难以伪造。

阿魏，是一种产自西域、名贵且稀有的中药材，其药用价值极高，但因稀缺而使得人们很难看到，且真伪难以凭肉眼辨别，所以在市场上往往充斥着伪品，故言“阿魏无真”。

二八　客来主不顾

客来主不顾[①]，应恐是痴人。

注释

①顾：照顾，此处指招待。

译文

有客人来访而主人却不招待，这样的主人恐怕是个不明事理的人。

处世智慧

这句话主要强调了待客之道和人际交往中的基本礼仪。

东晋名士陶侃家境贫寒，大雪天迎来贵客范逵。面对家中缺柴少米的困境，陶母毅然剪掉自己的头发换到几斗米款待客人，展现了极高的待客之道。

中华民族自古被称为礼仪之邦，注重待客之道，以礼待人。主人应当热情周到地接待每一位来访的客人，这是中华民族的传统美德，也是人际交往中的基本礼仪。

如果主人对客人不闻不问，甚至冷漠相待，那么这样的行为不仅会让客人感到失望和不满，也会让旁观者觉得主人缺乏教养和人情味，甚至可能被视为不明事理或愚蠢。

二九 贫居闹市无人识

贫居闹市无人识，富在深山有远亲。

译文

当你贫穷时，即使居住在繁华热闹的街市，也很少有人认识你或与你交往；而当你变得富有，即便你隐居在偏远的深山，也会有远方的亲戚来与你亲近。

处世智慧

这句话深刻地揭示了社会交往中人们对待财富与地位的功利心态。

清代才子程思贤初贫时，虽居县城，却备受冷落；后得胡员外赏识，为员外之婿，但依然遭家人轻视。中状元后，昔日对其疏远者皆来攀附。

在现实生活中，势利的人往往因财富地位变化而改变态度。

这句话提醒我们，人情的冷暖的原因，可能不在自己的品行好坏，而在经济的贫富和地位的高低。所以，要珍惜那些不因境遇变迁而改变的真挚情感。

三〇 谁人背后无人说

谁人背后无人说，那个人前不说人。

译文

哪个人背后不被人议论，又有哪个人在人前不议论别人呢？

处世智慧

这句话表达的是人际交往中普遍存在的现象，即人们往往会在背后被人议论，而几乎没有人能在他人面前完全不议论别人。

它揭示了人性的一个弱点，即人们总会对他人的行为、言论或生活状态有所评价。同时，这句话也提醒我们要有自我反省的意识。“静坐常思己过，闲谈莫论人非”，管住自己的嘴，认识到自己也可能成为他人议论的对象，从而让自己的言行更加谨慎。

三一 有钱道真语

有钱道真语，无钱语不真。不信但看筵[①]中酒，杯杯先劝有钱人。

注释

①筵：原指古时铺在地上供人坐的竹席。古人席地而坐，设席每每不止一层。紧靠地面的一层称筵，筵上面的称席。此处指宴席、酒席。

译文

有钱说的话被认为是真话，无钱说的话被认为是假话；如果你不相信这一点，就看看宴席上的酒，每一杯酒都是先敬给有钱人的。

处世智慧

这两句话反映了当时“金钱至上”的社会现象。

《史记》中亦有反映世态炎凉、人情如纸的记载，人们往往因为某人拥有财富而对其言论给予更多的信任和重视，而对于没有财富的人则可能持怀疑态度。财富往往成为衡量话语可信度的标尺，毫无公正性可言。

这种通过钱财维系的交往，不是真正意义上的人际往来，而是利益置换，不值得推崇。

三二 闹里有钱

闹里有钱，静处安身。

译文

在繁华喧闹的地方能够赚到钱财，而在安静平和的环境中可以安住身心。

处世智慧

这句话简洁地表达了两种不同的生活状态和价值观。

一方面，它指出了在热闹、繁华的地方，往往有更多的经济活动和商业机会，从而有机会获得财富；另一方面，它也强调了在安静、平和的环境中，人们可以更加放松，享受生活的宁静与安定。

《菜根谭》中说：“处世让一步为高，退步即进步的张本；待人宽一分是福，利人实利己的根基。”在喧嚣尘世之中，众人熙来攘往、争名逐利，或许能有小成。然而，若要更上一层楼，或使财富得以长久，则必须沉心静气，深谙退步与谦让之道。

一“闹”一“静”，两者相辅相成，提醒我们在追求物质富足的同时，亦需注重内心的平和与精神的富足，这样方能实现人生的和谐与圆满。

三三 来如风雨

来如风雨，去似微尘①。

注释

① 微尘：极细小的尘埃。

译文

来时如同疾风骤雨般猛烈而迅速，离去时则像细小的尘埃一样悄无声息，不留痕迹。

处世智慧

这句话形象地描绘了事物在出现和消失时的两种截然不同的状态，也反映了人生的短暂与无常。

前者强调了人、事物出现时来势汹汹、影响深远，而后者则表现了其消逝时的无声、无痕。三国时曹丕的《善哉行·其一》中说："人生如寄，多忧何为？"人生短暂，如过客般匆匆。风雨骤至，恰如人之初入尘世，满怀激情与梦想，影响所及，如狂风骤雨，激荡四方。然世事无常，终有离去之时，彼时则如微尘轻轻飘落，了无痕迹，功名利禄皆为过眼云烟。世间万物皆有其兴衰更替的规律，无论曾经多么辉煌或强大，最终都将归于平淡、沉寂。

三四 长江后浪催前浪

长江后浪催前浪，世上新人趱①旧人。

注释

① 趱（zǎn）：追赶、超越。

译文

长江中的后浪不断推动着前浪前进，世间的新人也总是不断追赶并超越着旧人。

处世智慧

这句话揭示了社会发展的规律，即新事物、新人物不断涌现并取代旧事物、旧人物。

长江之水，后浪逐前，生生不息，象征着时间如流水滚滚向前，无人能阻。世间新人，怀揣梦想，勇于探索，不断超越前辈。

我们要做前浪，秉持开放心态，勇于接纳新事物，尊重新一代人的努力与贡献；同时，我们也要做后浪，不断自我提升，以适应时代发展的需要。

三五 近水楼台先得月

近水楼台先得月，向阳花木早逢[①]春。

注释

① 逢：迎接。

译文

靠近水边的楼台因为没有树木的遮挡，能最先看到月光的倒影；而面向阳光的花木，由于得到更多的阳光照耀，会提前感受到春天的气息，更早地发芽开花。

处世智慧

这句话告诉人们，有利的位置能为个人或事物的发展提供助力。

北宋时期，范仲淹在杭州做知府时，许多官员得到他的提拔。巡检官苏麟因在外县工作未得提拔，便写下“近水楼台先得月，向阳花木易为春”给范仲淹，委婉表达自己的想法。范仲淹读后理解其意，便提拔了苏麟。这一典故后来广为流传，被用来比喻因靠近有利条件而获得优先机会。所谓“天时、地利、人和”，地利便是有利的位置，譬如近水的楼台与向阳的花木，这能够为人或事物提供更多的机遇和优势，促进其成长与发展。

这启示我们，应积极选择有利位置，把握“地利”，同时也不忘自我修炼，以“人和”之态，迎接生命中的每一个春天。

三六 古人不见今时月

古人不见今时月，今月曾经照古人。

译文

古人无法见到今天的月亮，但今天的月亮却曾经照耀过古代的人。

处世智慧

这句话深刻道出了时间的无情与自然的恒常。

这是李白所作《把酒问月·故人贾淳令予问之》中的一句诗，表达了诗人对宇宙和人生的思考，蕴含着深刻的时间和空间观念。历史长河中，无数英雄豪杰如过眼云烟，唯有那轮明月，见证了无数悲欢离合，却依旧皎洁如初。今日的我们应该珍惜当下，同时敬畏自然，在这浩瀚的宇宙之中体悟人生的真谛。

三七 先到为君

先到为君，后到为臣。

译文

先到达的人能做君王，后到达的人则成为跟随者或下属。

处世智慧

这句话强调了时机、顺序或行动迅速的重要性。

如同《孙子兵法》所云：“兵贵神速。”这句话也强调了行动迅速的重要性。历史上，如刘邦先入关中，虽兵力不济，却因抢占先机而赢得民心，终成霸业。

在机遇面前，果断行动者往往能占据主动，成为引领者；而犹豫迟疑者，则可能错失良机，只能跟随其后。因此，无论是个人发展还是国家竞争，都应把握时机，勇于争先。

三八 莫道君行早

莫道君行早，更有早行人。

译文

不要说你很早就出发，还有比你出发得更早的人。

处世智慧

这句话强调了谦虚谨慎、勤奋不懈的态度。

此言与古语“闻鸡起舞”相呼应，皆在勉励人们勤奋不懈。历史长河中，祖逖与刘琨闻鸡起舞，日日苦练，终成一代名将。它告诫我们，无论身处何种境地，都不应满于现状，而应时刻警醒，不断超越自我。还要始终保持谦虚谨慎的态度，因为在这个世界上，总有人比你更努力，更早地踏上征途。

三九 莫信直中直

莫信直中直，须防仁不仁。山中有直树，世上无直人。

译文

不要轻信那些表面上直率正直的人，应当提防那些伪善不仁的人。山林中有挺拔直立的树木，但在复杂多变的人世间，却很难找到完全正直无私的人。

处世智慧

这两句话提醒人们要有辨别是非和伪善的能力，不要轻易被表象所迷惑。

《庄子》一书中说：“凡人心险于山川，难于知天。”《水浒传》《喻世明言》中也云，“画虎画皮难画骨，知人知面不知心”。社会交往中，人们往往戴着面具，难以窥见其真实面貌。战国时期，庞涓与孙膑，虽有同窗之情却因权欲而反目，庞涓表面仁义，实则暗藏杀机，正是“仁不仁”的典范。

“山中有直树，世上无直人”，自然界的纯粹与人类的复杂形成鲜明对比。此则提醒我们在复杂多变的社会中，应保持清醒头脑，不可轻易相信表象，也需学会识人辨心，以免落入他人陷阱。

四〇 自恨枝无叶

自恨枝无叶，莫怨太阳偏。

译文

应该自我反省为何自己的枝条上没有叶子，而不是去埋怨太阳照射偏斜。

处世智慧

这句话强调了自我反省和承担责任的重要性。

正如古人所言“行有不得，反求诸己”。面对困境或失败，怨天尤人不可取，应首先审视自身不足，而非归咎于外界环境。

项羽，作为楚汉争霸时期的重要人物，因其刚愎自用、不善于自我反思而错失良机。在鸿门宴上，项羽本可听从范增的建议，除掉劲敌刘邦，却因个人情感与骄横自负，放走了刘邦。项羽至死仍没有意识到自己失败的原因，反而认为是“此天之亡我，非战之罪也”。其悲惨结局令人唏嘘。

四一 大家都是命

大家都是命[1]，半点不由人。

注释

① 命：命运，运数。

译文

每个人的命运都是注定的，无法由自己掌控哪怕一星半点儿。

处世智慧

这是宿命论的观点，即认为人的命运是预先确定好的，个人很难通过自身的努力或选择来改变它。

例如，诸葛亮虽智计无双，却也难逃“出师未捷身先死”的命运。然而，这种观点在现代社会并不被接受，因为人们普遍认为，个人的努力和选择对命运而言才是最关键的。人不应消极认命，而应珍惜当下，创造自己的人生，以豁达的心态，接受生命中的不完美，通过后天的努力改变命运。

四二 一年之计在于春

一年之计在于春，一日之计在于寅[1]。一家之计在于和[2]，一生之计在于勤。

注释

① 寅：古代十二时辰之一，相当于现在的凌晨三点到五点，是日出前的时段。

② 和：和睦。

译文

一年的计划要在春天考虑安排，一天的计划要在寅时就开始。一个家庭的计划关键在于和睦相处，而一个人的人生规划则在于勤劳努力。

处世智慧

这两句话是说做事要正当其时，早做规划。

“一年之计在于春”，春为万物复苏之始，比喻人生新篇之启，古人以此强调把握时机，早做筹谋。“一日之计在于寅”，虽寅时非今人常提，但其意与“一日之计在于晨”相通，均倡导早做规划，珍惜光阴。

“一家之计在于和”源自《礼记》中的“夫妇和，家之肥也”。其强调家庭和睦乃幸福之本，和谐氛围能促进家人相互支持，共克时艰。

“一身之计在于勤”则是对个人修养与成就的高度概括。古人云：“勤能补拙是良训，一分辛劳一分才。”勤奋不仅是成功的阶梯，更是塑造品格、实现价值的不竭动力。

此语以自然规律、家庭和谐与个人努力为喻，勉励人们珍惜时光，和睦相处，勤勉不辍，以积极态度面对生活，追求幸福与成功。

四三 责人之心责己

责人之心责己，恕己之心恕人。

译文

用责备别人的心来责备自己，用原谅自己的心去原谅别人。

处世智慧

这句话教导我们要有自我反省和宽容待人的态度。

此语深刻体现了儒家思想中的自省与宽容。正如《论语》所言，“吾日三省吾身”，当我们以挑剔的眼光审视他人时，不妨先以同样的标准审视自己，这样不仅能促进个人成长，还能减少无谓的争执与矛盾。同时，此语也蕴含了“己所不欲，勿施于人”的黄金法则。

在人际交往中，我们往往能够轻易原谅自己的过错，却难以宽容他人的失误。然而，真正的智慧是能够像宽恕自己一样去宽恕他人，这样的胸怀不仅能增进人际和谐，更能彰显个人的修养与气度。

四四 守口如瓶

守口如瓶，防意如城[①]。

注释

① 城：守卫城池。

译文

保守秘密要像瓶子加盖一样严实，防止意念中的邪念要像守卫城池一样不可懈怠。

处世智慧

这句话强调了保守秘密的重要性和自我约束的必要性。

古人有云："言多必失，祸从口出。"言语需谨慎，不可轻泄机密，以免招来祸患。正如瓶盖密封，才能滴水不漏，我们保守秘密亦应如此，严守口风，才能确保不搬弄是非。

而"防意如城"，则强调了对内心意念的严格防范。在纷繁复杂的世界中，人心易动，杂念丛生。若不能有效抵御诱惑与邪念，则易失守道德之防线。

历史上，多少英雄豪杰因口风不严而身败名裂，又有多少人因内心失守而误入歧途。故"守口如瓶，防意如城"不仅是个人修养之要，更是安身立命之本。我们应当铭记此训，时刻自省，做到谨言慎行、守心明性。不为外物所动，不为私欲所惑。

四五 宁可负我

宁可负[1]我，切莫负人。

注释

① 负：辜负。

译文

宁愿自己被辜负，也绝不辜负他人。

处世智慧

这句话表达了一种高尚的道德情操和牺牲精神。

一方面，它体现了儒家思想中的"仁"与"义"，强调个人在人际关系中应以他人为重，为维护国家民族利益，即便牺牲自我利益也在所不惜。如岳飞精忠报国，不顾个人生死，只为守护国家与百姓。

另一方面，儒家也不过度强调“负我”而忽视自我价值。史上不乏因过度牺牲自我而陷入困境的例子，如某些愚忠的大臣为君主的错误而身死，虽彰显忠诚，却也忽略了自我保全的智慧。

真正的仁爱与牺牲，应是建立在智慧与自我认知的基础之上的。孔子认为，头脑最清醒的君子应懂得“仁者自爱”的道理。因此，我们在践行“切莫负人”的同时，亦应学会自我保护，实现个人与社会的和谐共存。

四六 再三须重事

再三须重事[①]，第一莫欺心。

注释

① 重事：慎重考虑、对待事情。

译文

在做事时，要反复慎重考虑，首要的一点，是不要违背自己的良心或欺骗自己的内心。

处世智慧

这句话强调了在做决定或处理事务时，需要深思熟虑，保持谨慎，并且始终坚守内心的道德准则。

“再三须重事”，是指在处理事务时，事前需深思熟虑，反复斟酌，以确保决策之周全与稳妥。所谓“谋定而后动”，也是这个意思。

“第一莫欺心”，是对个人品德修养的至高要求。“人心惟危，道心惟微”，人心易变，唯有时刻保持真诚与正直，方能不失道心。欺骗他人或违背良心，则失道寡助，或许能得一时之利，却终将自食其果。因此，坚守内心之纯净与真实，正心诚意，方为人生正道。

四七 虎生犹可近

虎生[①]犹可近，人熟不堪[②]亲。

注释

① 生：凶猛、生猛。② 堪：能够。

译文

老虎虽然生猛，人们还可以靠近；但是，对于熟悉的人，有时候却不能那样亲近。

处世智慧

这句话反映了人际关系的复杂性，警示人们在交往中应保持适当的距离和警觉。

虎，虽为猛兽，却未必会主动伤人，所以还可以靠近。而人，则因情感、利益、欲望交织，难以捉摸其真心。即便是朝夕相处之人，也可能由于种种原因，心生嫌隙，反目成仇。因此，在人际交往中，我们应保持一份清醒与警惕，不可轻信于人，更不可因熟悉而疏忽大意。

历史典故中，不乏因过于信任熟人而遭背叛之事。唐玄宗因安禄山能言善道、表面忠诚，对其极为宠信，甚至让安禄山兼任三镇节度使，手握重兵。最终，安禄山发动叛乱，即安史之乱，使唐朝由盛转衰，唐玄宗被迫退位。

在复杂多变的人世间，唯有独立思考，谨慎判断，方能守护好自己的一片天地，避免被熟人所害。

四八 来说是非者

来说是非者，便是是非人。

译文

那些前来议论别人是非的人，往往自己就是制造是非的人。

处世智慧

这句话告诫我们，在人际交往中，要警惕那些喜欢搬弄是非的人，因为他们很可能就是问题的根源所在。

战国时期，郤恶因得罪了楚王而连夜逃往秦国。为了表达自己的忠诚和寻求新主的庇护，他极力诋毁楚王，妄图通过搬弄是非来博取秦王的信任。然而，他却忽略了这样的行为本身就违背了诚信与正直的原则。最终，郤恶的行径被秦王识破，不但未得到重用，反而落得个“爱搬弄是非”的恶名。

古语“祸从口出，病从口入”，与之有异曲同工之妙。在人际交往中，那些热衷于传播他人是非的人，往往自身便是是非的源头。在日常生活中，我们应该时刻保持清醒的头脑，远离那些喜欢搬弄是非的人，更不可成为是非的传播者。

四九 远水难救近火

远水难救近火，远亲不如近邻。

译文

远处的水难以扑灭近处的火，远方的亲戚往往还不如近处的邻居。

处世智慧

这句话强调了在紧急情况下，身边人的帮助往往比远方亲人的帮助更为直接和有效。

我国自古以来便非常注重以道德和伦理调节邻里关系，《左传》有云：“亲仁善邻，国之宝也。”“救灾恤邻，道也。行道有福。”《世说新语》的《德行》篇中描述了郗鉴在永嘉之乱时，因德行高尚，得邻里轮流供养。在遭遇急难时，远方的援助往往鞭长莫及，而身边的邻居却能及时伸出援手。

五〇 有茶有肉多兄弟

有茶有肉多兄弟，急难[1]何曾见一人。人情似纸张张薄，世事如棋局局新。

注释

① 急难：危急的事。

译文

有茶有肉时，身边似乎有很多称兄道弟的朋友；但当真正遇到困难或急事时，却找不到一个人来帮忙。人与人之间的感情就像纸一样，一张张都很单薄；而世界上的事情则像一盘盘棋，每一局都是崭新的。

处世智慧

这两句话反映了人性的复杂和世态的炎凉。

“路遥知马力，日久见人心。”在顺境中，人们往往蜂拥而至，称兄道弟；而一旦遭遇困境，这些人往往显露自私冷漠的一面，鲜有人伸出援手。

人情如同薄纸，轻轻一触即破，难以承受时间的考验与现实的冲击。而世事则如同下棋，每一局都充满变数，难以预料。认清这一点，我们就会坦然面对世态的炎凉。

在复杂多变的世界中，我们应学会独立自强，能识破他人的虚情假意，同时也要珍惜那些在关键时刻给予帮助与支持的真挚情谊。

五一 山中也有千年树

山中也有千年树，世上难逢百岁人。

译文

在深山之中，自然生长着千年之久的树木；但在人世间，却很难遇到活到一百岁的人。

处世智慧

这句话通过对比山中的千年古树与人世间的百岁老人，表达对自然生命之长久与人类生命之短暂的感慨之情。

此句与“人生七十古来稀”相呼应，二者共同揭示了人类生命的有限与宝贵。它告诫我们，生命苦短，应珍惜每一刻，把握当下，活出精彩与意义。

五二 力微休负重

力微休负重，言轻[①]莫劝人。无钱休入众，遭难莫寻亲。

注释

① 言轻：说话没有分量。

译文

力量微小就不要去背负重担，说话没有分量就不要去劝解别人。没有钱就不要参与众人的活动，遇到困难时不要急着去找亲戚求助。

处世智慧

这两句话强调了自知之明和量力而行的重要性。

《道德经》所言：“知人者智，自知者明。”只有有自知之明，才能避免处于力所不及的困境。

秦武王嬴荡因争强好胜，与人比赛举“龙文赤鼎”。武王成功举起鼎，但因失手砸断胫骨，随后身亡。这便是“力微休负重”的生动写照。他未能准确评估自身力量，盲目挑战极限，最终酿成悲剧。

“言轻莫劝人”也是智慧之谈。在人际交往中，若自己的言论缺乏分量，便难以说服他人，甚至可能自讨没趣。同样，在物质匮乏或遭遇困难时，人们往往发现，那些曾经围绕在身边的“朋友”或“亲戚”可能会因利益的考量而疏远自己。

我们日常要根据自己的能力和地位来行事，不要承担超出自己的能力范围的责任或任务，也不要在自身没有足够影响力或说服力的情况下去尝试劝解或影响他人。尽管应及时寻求帮助，但求人不如求己，不要过度依赖他人，在逆境中也要保持自尊与自强。

五三 平生莫作皱眉事

平生莫作皱眉事，世上应无切齿[1]人。

注释

①切齿：咬牙切齿。

译文

一生都不做让人皱眉、不悦的事情，那么在这个世界上就不会有对你恨之入骨的人了。

处世智慧

这句话传达了一种为人处世的智慧，我们不要做伤害他人的事情，这样就能够减少他人敌意，避免被他人痛恨。

此言与《论语》中“己所不欲，勿施于人”的教导相契合。它告诫我们，在日常生活中应秉持善良与正直，不做出让他人不愉快之事。

历史上，许多贤人君子都以此为行为准则，如孔子强调的“仁”与“礼”，便是要求人们以仁爱之心待人，以礼义之道处世。而那些因作恶多端而遗臭万年的历史人物，如秦桧之流，则是这一道理的反面例证。

五四 士者国之宝

士[①]者国之宝，儒[②]为席上珍。

注释

① 士：先秦时期贵族的最低等级，春秋后期，逐渐成为统治阶级中知识分子的通称。这里指德才兼备的人。

② 儒：儒家学者，指读书人。

译文

士人是国家的宝贵财富，儒者则是宴席上的珍馐佳肴。

处世智慧

这句话强调了儒士在社会中的重要地位和价值。

士人通常指的是有学问、有品德、能担当国家重任的人才，是国家治理和发展的中坚力量；而儒者则特指那些精通儒家学说，具有高尚道德情操和卓越学识的学者，他们在文化、教育、政治等领域发挥着重要的作用，被视为社会的精英和楷模。

古语有云：“人才乃国家之根本，士子为兴邦之基石。”士人，以其学识、品德与担当，成为国家治理的中流砥柱，如同珍宝般不可或缺，他们是推动社会进步、维护国家稳定的重要力量。

而儒者，则以其深厚的文化底蕴和高尚的道德情操，成为文化传承与创新的引领者。他们有如宴席上的珍馐佳肴，以其学识智慧启迪人心，以其优雅风范彰显礼仪之邦的底蕴。历史上，众多儒者如孔子、孟子等，以他们的学说和教诲，影响了世世代代的中国人，塑造了中华民族独特的文化性格和精神风貌。

五五 若要断酒法

若要断酒[①]法，醒眼看醉人。

注释

① 断酒：戒酒。

译文

如果想要找到戒酒的方法，那就在清醒的时候观察醉酒人的丑态。

处世智慧

这句话旨在劝人戒酒。

孔子曾言：“克己复礼为仁。”他强调自我约束与道德修养的重要性。醉酒的人，其言语失控，举止失态，甚至可能引发祸患。清醒之人目睹此景，自当警醒，意识到过量饮酒之害，从而生起戒酒之心。

《韩非子》云：“常酒者，天子失天下，匹夫失其身。”这是把饮酒的危害提高到国家存亡的高度。历史上，不乏因酒误事、因酒丧生的例子，如三国时期的张飞，因酒醉而被部将所害，令人扼腕叹息。这教训如同镜鉴，让人在清醒之时反思，认识到节制、禁止（公职人员）饮酒的必要性。

五六 求人须求英雄汉

求人须求英雄汉[①]，济人须济急时无。渴时一滴如甘露，醉后添杯不如无。

注释

① 英雄汉：有胆识、有能力、品行端正的人。

译文

寻求帮助时应当找那些有胆识、有能力的英雄豪杰；而在帮助他人时，要对最急需帮助的人伸出援手。就像人在口渴难耐时，即使只是一滴水也如甘露般珍贵；相反，在酒醉之后，再添酒反而不如不添。

处世智慧

这段话强调了选择帮助对象和提供帮助时机的重要性。

在古代，英雄汉常指那些有勇有谋、能担大任之人，如《史记》中的项羽、韩信，皆是能解人危难、成就不凡的英雄。因此，在求助时，应寻找这样的英雄豪杰，他们如同伯乐，能助你渡过难关。而帮助他人，则应在其最急需之时伸出援手，正如雪中送炭，不仅能解其燃眉之急，更能加深彼此的情谊，体现人间温情。

口渴之时，一滴水也如同甘露般珍贵，因它解人之急；而酒醉之后，再添酒非但无益，反而可能添乱。故我们在人际交往中要有判断力，懂得在关键时刻给予他人真正的帮助和支持。

五七 久住令人贱

久住令人贱①，贫来亲也疏。

注释

①贱：轻视、轻贱。

译文

长期住在别人家里会被人轻贱，而一旦陷入贫困，即使是亲戚也会变得疏远。

处世智慧

这句话揭示了人际关系中的微妙变化。

《庄子》云："相濡以沫，不如相忘于江湖。"这一名句便是强调了独立与适度距离的重要性。到亲朋家长住，会破坏人际关系中的平衡与和谐，而经济状况的变化也会影响人与人之间的亲疏关系。

事实上，无论我们身处何境，都应保持独立性，避免过度依赖他人。在人际交往中，只有保持适度的距离与尊重，才能长久维系和谐的关系。

五八 酒中不语真君子

酒中不语真君子，财上分明大丈夫。

译文

在酒席上不胡言乱语的人才是真正的君子，在钱财上不贪不占的人才是大丈夫。

处世智慧

这句话蕴含了古代儒家思想对于品德修养的重视。

在酒宴之上，能保持清醒，不轻易被酒精所惑，更不胡言乱语，此乃真君子之风范。在财务处理上，能公私分明，不贪不占，坚守道义，方显大丈夫之气概。

历史上，如包拯、海瑞等清官，皆因在财物上清白自守，赢得了后世的敬仰。此句告诫我们，无论在何种场合，都应坚守道德底线，保持清醒头脑，做到谨言慎行、公私分明，方能成为真正的君子、大丈夫。

五九 出家如初

出家[①]如初，成佛有余。

注释

① 出家：指佛教徒放弃家庭生活，到寺院中修行。

译文

如果能够一直保持刚出家时的那份虔诚和决心，那么成佛就是一件很容易的事情。

处世智慧

这句话强调的是保持初心的重要性，与《华严经》中的“不忘初心，方得始终”异曲同工。历史上，许多高僧大德之所以能够成就非凡，正是因为他们始终如一地秉持着最初的出家誓愿，不为外界诱惑所动，不为艰难困苦所阻。

无论是学习佛法，还是追求其他任何目标，保持最初的热情与纯真至关重要。

六〇 积金千两

积金千两，不如明解经书[①]。

注释

① 经书：指古代儒家经典的书籍，如“四书五经”等。

译文

积累黄金千两，也不如深刻理解并通晓经典书籍。

处世智慧

这句话强调了知识与智慧的价值远高于物质财富。

纵然拥有金山银山，也不及对经典书籍的深刻理解与领悟来得宝贵。知识不仅是个人修养的基石，更是推动社会进步的力量。

历史上，无数先贤以读书为乐，以求知为荣，他们通过研读经典，汲取智慧，不仅成就了个人的非凡人生，更为后世留下了宝贵的精神财富。如孔子研读《周易》，致使韦编三绝，终成一代宗师；苏秦、张仪等战国策士，凭借渊博的学识，纵横捭阖，影响天下大势。这些典故无不证明，知识的力量是无穷的，它远胜于任何物质财富。

更重要的是，“明解经书”不仅仅意味着对知识的获取和理解，更是一种精神的修炼和人格的完善。

六一 养子不教如养驴

养子不教如养驴，养女不教如养猪。

译文

如果不好好教育儿子，那么养他就如同养了一头驴；如果不好好教育女儿，那么养她就如同养了一头猪。

处世智慧

这句话通过比喻的方式，强调了家庭教育的重要性，暗示了未接受良好教育的子女可能会变得无知、粗鲁或缺乏教养。

句子借驴、猪指出，若忽视对子女的教育，任其自由发展，无异于让子女沦为无知无礼之辈。这与《三字经》中的“子不教，父之过”相呼应，都强调了父母在教育子女中的责任与重要性。

历史上，孟母三迁、岳母刺字等典故，都是父母重视教育、精心培育子女的典范。他们深知，良好的教育不仅能让子女成才，更能让他们成为有良好德行之人，为社会所尊重。反之，若忽视教育，子女则可能误入歧途，甚至危害社会。

六二 有田不耕仓廪虚

有田不耕仓廪[①]虚，有书不读子孙愚，仓廪虚兮岁月乏，子孙愚兮礼义疏。

注释

① 仓廪：主要指贮藏粮食的仓库。“仓”指贮藏谷物的地方，“廪”指贮藏米的地方。

译文

拥有田地却不耕种，粮仓就会空虚；拥有书籍却不阅读，子孙就会愚昧无知。粮仓空虚了，生活就会陷入困顿；子孙愚昧了，行为就会变得粗疏无礼。

处世智慧

这句话通过递进的方式，强调了勤劳耕作与勤奋学习的重要性。

它与古代儒家思想所倡导的“天道酬勤”和“学而时习之”

不谋而合。它告诉我们，无论是农耕社会的田地劳作，还是知识时代的读书学习，都是积累财富、提升智慧的重要途径。

反观那些荒废田地、忽视教育的家庭，往往难以摆脱贫困与愚昧的困境。耕种是满足人的物质生活，缺乏物质财富会让人生活困顿；读书学习是满足人的精神生活，精神的贫乏则会导致道德的沦丧。

六三 同君一夜话

同君一夜话，胜读十年书。

译文

与您交谈一个晚上，所得到的收获比读十年书还要多。

处世智慧

这句话强调了与有见识、有智慧的人交流的重要性，以及这种交流对于个人学习和成长的巨大价值。

它与《论语》中“三人行，必有我师焉”的思想相契合，都强调了向他人学习的重要性。

历史上，无数先贤通过与智者深夜长谈，激发灵感，深化认识，进而在学术、政治或艺术等领域取得卓越成就。如春秋时期的孔子与老子之会，虽时间短暂，却对孔子的思想产生了深远影响。又如汉代张衡，与友人共研天文地理，终成一代大家。这些典故告诉我们，与智者交流，不仅能拓宽视野，更能启迪智慧，其效果远胜于闭门造车、独学寡闻。

六四 人不通古今

人不通古今，马牛如襟裾[①]。

注释

①襟裾：衣服的前后襟，指人的衣服。

译文

如果一个人不了解古今历史，那么他就像马和牛穿上了人的衣裳一样。

处世智慧

这句话深刻揭示了学识与文化素养的重要性。

它告诫我们，若一个人对古今历史一无所知，便如同动物披上了人类的衣裳，外表虽似人，内里却无人的智慧与见识。这与古人所言“腹有诗书气自华”有异曲同工之妙，都在强调内在修养与学识对于个人气质与品位的塑造。

历史上，无数文人墨客以博览群书、通晓古今为荣，他们的作品中往往蕴含着深厚的文化底蕴和历史智慧。相反，那些胸无点墨、不学无术之人，则往往言行粗鄙，难登大雅之堂。

六五 茫茫四海人无数

茫茫四海人无数，那个男儿是丈夫[①]！

注释

①丈夫：成年男子，这里指顶天立地有所作为的人。

译文

在这广阔无垠的世界中，有无数的人，但哪一个男子真正堪称大丈夫！

处世智慧

这句话表达了对有担当的男子的赞美和期待，同时也暗含了对社会上那些缺乏责任感和担当精神的男性的批评。

它让人联想到《史记》中项羽的英勇悲壮，听到四面楚歌，项羽慷慨悲歌“力拔山兮气盖世”，展现出大丈夫的豪迈与担当。又如《论语》中孔子所言：“三军可夺帅也，匹夫不可夺志也。”他强调了坚定意志与不屈精神的重要性，这也是大丈夫应有的品质。

然而，身为男子，很多人却无“大丈夫”气概。五代时期，后蜀君主孟昶的贵妃花蕊夫人在《述国亡诗》中云：“君王城上竖降旗，妾在深宫那得知？十四万人齐解甲，更无一个是男儿！”该诗强烈斥责了蜀主及文武群臣的无能与懦弱，表达出对男子的极度失望。

六六 美酒酿成筵好客

美酒酿成筵好客，黄金散尽为收书。

译文

酿造美酒是为了招待客人，花光黄金是为了收集书籍。

处世智慧

这句诗描述了热情好客、慷慨大方的境界，也意在劝人读书。

它让人联想到李白写的《将进酒》中那句“千金散尽还复来”的豁达与豪迈。主人不吝财物，广交天下好友。同时，本句与“书中自有颜如玉，书中自有黄金屋”的古训相呼应，都强调了书籍的重要性。

在古代，文人墨客常以酒会友，畅谈诗词歌赋，以书为伴，修身养性，这句诗正是对这种生活方式的生动写照。真正的富足，不仅仅在于物质的积累，更在于精神的充实与人际关系的和谐。

六七 救人一命

救人一命，胜造七级浮屠[①]。

注释

① 七级浮屠：指七层佛塔。在佛教中，佛塔被视为供奉佛陀舍利、弘扬佛法、供信徒修行的重要场所，具有极高的神圣性和

象征意义。而七层佛塔，则是佛塔中等级最高、最为庄严的一种。

译文

救人性命，其功德之大，远远超过建造七层佛塔的功德。

处世智慧

这句话体现了佛教中“慈悲为怀”的理念，强调了救人性命的重要性及其所带来的巨大功德。

此语与古代儒家“仁者爱人”的思想不谋而合。在佛教中，浮屠即佛塔，是供奉佛像、经文，以表虔诚与敬仰之意的建筑。而“七级浮屠”是最高等级的佛塔。然而，与建造如此宏伟的佛塔相比，救助一条人命所积累的功德更为深远。这一观念深刻体现了古人对生命的尊重与珍视。

“救人一命，胜造七级浮屠”不仅是一句谚语，更是一种生活态度和人生哲学。它提醒我们，当他人的生命遇到危难时，应该伸出援助之手。

六八 城门失火

城门失火，殃[1]及池鱼。

注释

① 殃：灾祸。

译文

城门失了火，池中的鱼却遭了殃。

处世智慧

这句话深刻揭示了事物间相互关联、相互影响的道理。

城门失火时，人们为救火而抽取护城河中的水，导致池中的鱼因缺水而死。这一现象说明，看似不相关的事物，在特定条件下却会产生影响。

故而处理问题时，要有全局观念，不能孤立地看待问题。因为世界上的万事万物都是相互联系、相互依存的，一个环节的变化往往会引起其他环节的变化。正如城门与池鱼，本无直接联系，却因一场火灾而产生了关联。

此外，我们做事时更要预见并防范可能产生的连锁反应。在决策和行动时，要充分考虑各种因素，避免因为一时的疏忽或短视而给无辜者带来伤害或损失。

六九 庭前生瑞草

庭前生瑞草[①]，好事不如无。

注释

① 瑞草：古代文献中的吉祥之草，如灵芝、蓂荚之类，或称仙草。

译文

庭院前长出了象征吉祥的瑞草，却容易招惹麻烦，这样的好事还不如没有。

处世智慧

这句话体现了中国古人的祸福观念。

它告诫我们，生活中的“好事”并非总是如人所愿，有时反而可能带来意想不到的灾祸。正如古人所言，“塞翁失马，焉知非福”，意在说明事物的发展往往具有两面性，表面的得失并非衡量祸福的唯一标准。

历史上，许多人因财富、权势遭人觊觎而身陷困境，他们的经历便是“好事不如无”的生动写照。就像门前长出的瑞草，因为象征祥瑞而招来他人的觊觎和忌妒，麻烦和灾难也有可能因此而来。这样的好事还不如没有呢。

七〇 欲求生富贵

欲求生富贵，须下死功夫。

译文

如果想要得到一生的富贵，就必须拼命努力。

处世智慧

这句话强调了成功和富贵背后需要付出辛勤劳动和不懈努力，与“书山有路勤为径，学海无涯苦作舟”等名句有异曲同工之处。它告诉我们，功成名遂、昭焕今古，绝非轻而易举之事，必须付出艰辛，砥砺前行。

越王勾践，卧薪尝胆，历经磨难，最终复仇雪耻，成就霸业；司马迁，忍辱负重，呕心沥血，终成《史记》巨著，名垂青史。这些故事都告诉我们，只有下死功夫，才能攀登到人生的高峰。

七一 百年成之不足

百年成之不足，一旦坏之有余。

译文

做一件事情用上百年的时间都不一定能成功，但要毁坏它，一天都绰绰有余。

处世智慧

这句话强调了成就事物的艰难与漫长，以及破坏事物的迅速与容易。

无论是宏伟的建筑、深厚的文化积淀，还是个人的品德修养与事业成就，都需经历时间的洗礼，通过不懈的努力，方能逐渐成形并趋于完善。然而，一旦这些成果遭遇恶意中伤、内部腐败或外部冲击，其毁坏的速度往往远超过建设的过程，甚至转瞬即毁，让人扼腕叹息。

历史长河中，无数王朝的更迭便是这一道理的生动体现。它们或许经历了数百年甚至上千年的繁荣与稳定，却因统治者的昏庸、内乱频发或外敌入侵，在极短的时间内土崩瓦解，化为历史的尘埃。欧阳修在《伶官传序》中说道：“夫祸患常积于忽微，而智勇多困于所溺，岂独伶人也哉？”祸患常常起源于一些被忽视的微小细节，这启示我们，不仅要重视事物的建设过程，更要关注其维护与保护，以免“一旦坏之有余”，留下无尽的遗憾与反思。

七二　人心似铁

人心似铁，官法[1]如炉。

注释

①官法：国家法律。

译文

人的心意坚硬如铁，但官府的法律却如同熔炉一般，能够将其熔化。

处世智慧

这句话强调了法律对于规范社会行为、维护社会秩序的重要作用。句中人心之坚硬与法律之威严的对比，与古代“王子犯法，与庶民同罪”的法治精神相契合。

历史长河中，不乏因权势而妄图凌驾于法律之上，但最终未能逃脱法律制裁的例子。如明代的内阁首辅严嵩，权倾一时，却因贪污腐败被抄家问斩，遗臭万年。这无一不在警示我们：法律面前，人人平等，哪怕你地位再高，权势再大，触犯了法律，都要接受惩罚，都会被法律制裁。

七三 善化不足

善化[1]不足，恶化有余。

注释

① 化：教化。

译文

对人向善的教化不足，恶的一面就会滋长。

处世智慧

这句话深刻揭示了人性与社会的复杂性。它强调，对人如果不加强善的教化，负面的影响便会乘虚而入。

武则天在其统治时期，因重用酷吏、鼓励告密，一定程度上对社会风气产生了负面影响。若当时能加强道德教化，辅以仁政，或许能避免许多悲剧。

《三字经》中说："人之初，性本善。"但想要持续保持这种善，就需要后天的教育和引导。在治理国家、管理社会乃至提高个人修养的过程中，我们都应重视正面引导与教化。同时，面对已经出现的负面现象，也要及时采取措施加以遏制，防止其进一步恶化。

七四 水至清则无鱼

水至清则无鱼，人太紧则无智。

译文

水如果过于清澈，就不会有鱼生存；人如果过于紧绷，就会失去智慧。

处世智慧

这句话说明凡事有度，不可太过。正如水质好，固然好养鱼，但水质过于纯净，就会因缺乏必要的养分，从而导致鱼儿无所食而饿死。

历史上，许多君主因过于严苛的治理政策，导致民不聊生，社会动荡。如秦始皇的焚书坑儒，以暴力手段坑杀议政的儒生虽意在巩固统治，却没有达到统一思想的目的，还激化了社会矛盾。相反，汉武帝时期的“罢黜百家，独尊儒术”，通过培养儒生，让他们成为王朝的维护者，达到了统一思想的目的，把儒学确立为汉朝的正统。

同样，人在生活中也需保持适度的放松与调整，过于紧绷的神经会限制思维的灵活性与创造力。因此，我们应寻找生活恰当的平衡点，以更智慧、更包容的心态面对生活。

七五 知者减半

知[1]者减半，省[2]者全无。

注释

①知：同“智”，智慧。②省：清醒。

译文

如果智者减去一半，那么清醒的人就没有了。

处世智慧

这句话强调了认识自我的重要性。

能够反省的人，都是有智慧的人。只有反省的人，才能对自己有一个清醒的认知。

比如庄子，他既有智慧又对自己有清醒的认知，所以他在《庄子》中说：“吾生也有涯，而知也无涯。”庄子提醒我们，生命有限，而知识却如海洋般浩瀚无边，因此应保持谦逊，不可自满。真正的智慧不在于自以为是，而在于能够认识到自己的无知，并持续地进行自我反省和学习。

历史典故中，如孔子向七岁项橐请教的故事，就体现了孔子的谦逊与自省。孔子虽为圣人，却能放下身段向孩童求教，他告诉我们，无论身处何位，都应保持一颗谦卑的心，勇于承认自己的不足，并不断地追求进步。

七六 在家由父

在家由父，出嫁从夫。

译文

女子在家时要听从父亲的教导和安排，出嫁后则要顺从丈夫的意愿和决定。

处世智慧

这句话体现了古代社会中，女性面临着严重束缚与不平等对待。

所谓的“三从四德”（三从：未嫁从父、出嫁从夫、夫死从子；四德：妇德、妇言、妇容、妇功）将女性置于绝对的附属地位，完全剥夺了女性独立思考与自主决策的权利，是典型的男尊女卑的男权思想的体现。

随着社会的发展和进步，这种观念已经逐渐被更加平等和尊重女性权利的观念所取代。

七七 痴人畏妇

痴人[①]畏妇，贤女敬夫。

注释

① 痴人：愚笨或平庸之人。

译文

愚蠢的男人会害怕他的妻子，贤淑的女子会尊敬她的丈夫。

处世智慧

这句话反映了古代社会对于夫妻关系的某种看法，即愚蠢的男性可能由于种种原因（如性格懦弱、依赖性强等）而畏惧妻子；而贤淑的女性则会以敬重的态度对待自己的丈夫，展现出良好的家庭伦理和夫妻相处之道。

历史上不乏贤女敬夫、婚姻美满的佳话，如汉代的孟光和丈夫梁鸿志同道合，成语“举案齐眉”即是讲二人相敬如宾的故事；又如乐羊子妻，以贤德著称，对丈夫既有深情厚谊，又能以理服人，成为后世楷模。这些故事都告诉我们，真正的夫妻之道，在于相互尊重、相互扶持，而非单方面的畏惧或依赖。

七八　是非终日有

是非终日有，不听自然无。

译文

世间的是非议论每天都有很多，如果你不去听信它们，自然就不会对你产生影响。

处世智慧

这句话是劝人远离是非。它告诫我们，在纷繁复杂的世界中，是非纷扰如同尘埃，无处不在，但关键在于我们如何对待这些外界的声音。

正如《庄子》所言：“至人之用心若镜，不将不迎，应而不藏，故能胜物而不伤。”有智慧的人心如明镜，对于外界的是非纷扰，既不主动追求，也不刻意排斥，只是如实地反映，不留下任何痕迹。这样一来，就能保持内心的平静与清澈，不被外界所伤。

要远离是非，首先自己要不搬弄是非，然后要做到不听信是非，最后要远离搬弄是非之人。

七九 宁可正而不足

宁可正而不足①，不可邪而有余。

注释

① 不足：生活贫困窘迫。

译文

宁愿品行端正而贫困，也不要行为邪恶而富足。

处世智慧

这句话体现了中国古代对“守住底线”这一道德行为的追求。

它告诫我们，在面对诱惑与选择时，应坚守正道，即使因此可能面临物质的不足，也绝不能为了追求私利而走上邪路，获取不正当的利益。

儒家经典《论语》中就有“君子坦荡荡，小人长戚戚”的论述，意指品德高尚的人虽然贫困，但为人坦荡，而品德卑劣的人即使富足，却会常常忧愁烦恼，这也从侧面反映了正直与邪恶所带来的不同人生境界。

八〇 宁可信其有

宁可信其有，不可信其无。

译文

有些事，宁愿相信它存在，也不要轻易否定它的存在。

处世智慧

这句话表达了一种谨慎、不轻易下结论的态度。

这与《中庸》中“慎思之，明辨之”的思想相契合。本句则强调在思考问题时需全面、细致，不轻易下结论。历史上，许多智者都因秉持这种态度而避免了不必要的损失。比如，古代军事家在面对敌情不明时，往往采取“宁可信其有”的策略，加强防备，以防万一，这体现了对潜在风险的充分认识和高度重视。

八一 竹篱茅舍风光好

竹篱茅舍风光好，道院①僧房②总不如。

注释

① 道院：道士住的道观。

② 僧房：僧人住的寺院。

译文

竹篱笆、茅草顶的简陋房舍风光无限美好，道观和僧房总不如它。

处世智慧

这句话表达了古人对简朴田园生活的向往和赞美。

在中国古代文学中，不乏对自然美景与俭朴生活的颂扬。如陶渊明的《桃花源记》所描绘的世外桃源，便是一个远离尘嚣、自给自足的理想世界，与“竹篱茅舍”所代表的俭朴田园生活有异曲同工之妙。陶渊明通过这一虚构的世界，表达了对现实社会的不满和对自然和谐生活的向往。

而“道院僧房”作为宗教场所，虽然清静庄严，但往往带有出世的意味，同时也有人为的雕琢痕迹，与“竹篱茅舍”的自然随性形成了鲜明对比。这种对比，不仅体现了诗人对尘世的自由与无拘生活的追求，也反映了古代文人士大夫在清新自然的乡野生活中寻求心灵慰藉与精神寄托的一种普遍心态。

八二 命里有时终须有

命里有时终须有，命里无时莫强求。

译文

如果命中注定会有，那么最终一定会得到；如果命中注定没有，那么就不要勉强去追求。

处世智慧

这是“宿命论”的观点，表达了一种顺应自然、不强求不属于自己的事物的态度。

古人有强烈的天命观，他们认为，人生中的得失荣辱，往往非人力所能完全掌控，而是由命运、机遇、努力等多种因素共同作用的结果。这也与古代道家所倡导的“顺其自然，无为而治”的思想不谋而合。凡事要顺应自然，不可强求。反观那些强求不属于自己的东西的人，往往只会陷入无尽的痛苦和挣扎之中。比如，古代许多帝王为了追求长生不老，不惜耗费大量人力物力炼丹制药，最终都未能如愿，甚至因此殒命。这也加速了国家的衰败、灭亡。

八三 道院迎仙客

道院迎仙客，书堂隐相儒。庭栽栖凤竹，池养化龙鱼。

译文

道院里迎接着神仙般的客人，书堂隐居着有宰相之能的儒者。庭院中栽种着能够吸引凤凰栖息的竹子，池塘里养着可以化为龙的鱼。

处世智慧

这两句话充满了蓄势待发的力量和对未来生活的美好愿景。

道院，乃修行之地。迎仙客，寓意着对贤能人士的向往与尊重。仙客，在这里指那些有才华、有美好德行的人，他们如同神仙般令人敬仰。

书堂，则是儒家学者研读经典、修身、齐家、治国、平天下的场所。隐相儒，暗示着这里或许就孕育着未来的国家栋梁，如历史上的诸葛亮、王安石等，他们曾在书堂中刻苦攻读，最终成为一代名相，辅佐君王，造福苍生。

庭中的栖凤竹，不仅美化环境，更寓意着吉祥与高雅。凤凰乃百鸟之王，“非梧桐不栖，非竹实不食”，此处栽竹，意在吸引凤凰，也象征着主人品德高尚，能吸引贤能之士。

池中的化龙鱼，则寓意潜力无限，终成大器。龙在中国文化中象征着皇权与尊贵，鱼跃龙门则是化凡为圣的象征。池中养鱼，期盼它们能化龙升天，也寄托了对子孙后代能够出人头地、光宗耀祖的美好愿望。

八四 结交须胜己

结交须胜己，似我不如无。

译文

在结交朋友时，应该选择那些比自己更优秀、更有能力的人，与自己相似或相差不大的人，就不如不交。

处世智慧

这句话讨论的是交友问题。

《论语》中孔子所言：“三人行，必有我师焉。择其善者而从之，其不善者而改之。”他意在强调我们应学习他人长处，不断提升自我。历史上，孟母三迁的故事也说明了交友环境的重要性。孟母为子择邻，正是为了寻找一个能够激励孟子成长、超越自我的环境。同理，结交胜己之友，如同置身于一个充满智慧与正能量的磁场，能不断激发我们的潜能，促使我们追求卓越。

反之，若交友不慎，选择与自己相仿或更差者，则可能陷入故步自封的境地，难以突破自我限制。“近朱者赤，近墨者黑”，环境对人的影响深远，交友亦不例外。

在人生的旅途中，我们应勇于追求更高层次的朋友圈，以他们为镜，不断自我提升，成就更加辉煌的人生。

八五 但看三五日

但看三五日，相见不如初。

译文

与朋友仅仅相处了三五日，再见面时的感觉就不如初识那般美好了。

处世智慧

这句话讲的是人际交往中熟悉后真相渐显的微妙变化。

常言道："路遥知马力，日久见人心。"初识之时，人们往往以礼相待，展现最佳面貌，然时日一长，各自的本性、习惯乃至缺点便在日常的点滴中不经意间展露无遗。

今天，人们往往期待快速建立深厚友谊或亲密关系，但往往忽略了"日久见人心"的古老智慧。社交媒体上的光鲜亮丽，更可能加剧初识时的误解与期待。随着见面时间的累积，我们逐渐去掉"完美滤镜"，看到了更加真实、多维的对方。

八六 人情似水分高下

人情似水分高下，世事如云任卷舒①。

注释

① 舒：舒展。

译文

人与人之间的情感就像水一样有高低之分，而世间事则如同云彩一般变幻莫测。

处世智慧

这句话用来形容人情世事的多变无常。

《史记》里记载韩信无籍籍之名时，遭受胯下之辱；而功成名就后，却得众人敬仰。这正是“人情似水分高下”的生动写照。

“世事如云任卷舒”，正如一副对联说的，“宠辱不惊，看庭前花开花落；去留无意，望天上云卷云舒”。世事如云朵般变幻莫测，难以捉摸。

我们在人际交往中要保持清醒的头脑，不要被表面的繁华所迷惑；在面对世事变迁时，要有豁达、平和的心态，顺应自然规律，随遇而安。

八七 会说说都是

会说说都是，不会说无礼。

译文

懂得说话的艺术，说出来的话都会显得很有道理；不懂得说话的艺术，说出来的话就会显得无礼或不得体。

处世智慧

这句话强调了言语表达的重要性，以及说话时需要具备的技巧和分寸感。

历史上，苏秦、张仪以三寸不烂之舌，游说诸侯，合纵连横，改变了战国格局，这便是“会说说都是”的典范。他们的话语，不仅言之有物，更切中时弊，令人信服。反观那些不谙此道者，往往因言辞不当而招致祸患。杨修恃才放旷，屡犯曹操之忌，终因“鸡肋”之言而丧命，这便是“不会说无礼”的沉痛教训。

在人际交往中，言语不仅是沟通的桥梁，更是展现个人修养与智慧的重要窗口。

八八 磨刀恨不利

磨刀恨[1]不利，刀利伤人指。求财恨不多，财多害人己。

注释

① 恨：遗憾。

译文

磨刀的时候总嫌磨得不够锋利，但刀太过锋利了又容易伤到自己的手指。追求财富的时候总嫌不够多，但财富过多有时候反而会害了自己。

处世智慧

这两句话用来告诫人们，凡事都有两面性，在追求某些事物时要适可而止，过度追求可能会带来不良的后果。

这与《道德经》中“知足不辱，知止不殆”的智慧相呼应。它借磨刀与求财之事，道出了人生应有的智慧。磨刀之喻，警示我们工具虽好，亦需慎用。锋利的刀刃虽能斩断荆棘，但若不慎，亦能伤及自身。这告诫我们，看问题不要只看到它有利的一面，也要看到它有害的一面。

求财之叹，则揭示了人性中的贪婪与欲望。古有石崇斗富，终因财富招祸；今有商海沉浮，多少人因贪念而迷失。财富虽好，但太多了就会让自己狂妄，也会引来别人的觊觎，甚至可能招来杀身之祸。因此，追求财富也要适可而止，方为人生真谛。

八九 知足常足

知足常足，终身不辱。知止常止，终身不耻。

译文

懂得知足常乐，就会常常感到满足，那么一生都不会受到屈辱；懂得适可而止就能常常适时止步，那么一生都不会遭受耻辱。

处世智慧

这两句话强调了知足和知止的重要性。

《道德经》中也有“知足者富”之句。在纷扰的尘世中，保持一颗知足与知止的心，是避免人生耻辱与屈辱的法宝。

春秋时期，范蠡助越王勾践灭吴后，深知“飞鸟尽，良弓藏；狡兔死，走狗烹”的道理，毅然选择急流勇退，泛舟五湖，得以安享晚年，这便是“知止常止”的典范。反观文种，未能及时抽身，终遭勾践猜忌，落得个被赐剑自刎的下场，令人唏嘘。

知足，并非安于现状、不思进取，而是对现有生活的珍惜与感恩，是在追求中不失本心，在得到后懂得珍惜。知止，则是在欲望面前保持清醒，明白何时该止步，以免陷入无尽的贪婪与争斗之中。

九〇　有福伤财

有福伤财，无福伤己。

译文

遇到不幸时，有福气的人会损失钱财，没有福气的人会伤害自己。

处世智慧

这句话表达了“破财免灾”的道理。

在某些关键时刻，适当的物质损失或许能成为保护自身免受更大伤害的屏障。有时看似不幸的破财，实则是避免了更大的灾祸降临。正如《周易》所云“否极泰来”，逆境之中往往孕育着转机。因此，“有福伤财”可视为一种以物质损失换取平安的隐喻，即当面临可能威胁自身或家庭安全的情境时，适时地舍弃一些财物，就能在一定程度上避免更大的不幸。这种态度，既体现了对命运的敬畏，也蕴含了古人“知足常乐，随遇而安”的生活哲学。

当我们面临选择时，若能以长远的眼光看待得失，适时地放下对财物的执着，往往在不经意间迎来人生的转机，实现“否极泰来”的美好愿景。

九一 差之毫厘

差之毫厘[1]，失之千里。

注释

① 毫厘：比喻极微细。毫、厘均是微小的度量单位。

译文

一毫一厘的差别，会造成相差千里的结果。

处世智慧

这句话深刻揭示了谨慎行事的重要性。

《礼记·经解》有云：“君子慎始，差若毫厘，谬以千里。”在追求目标的过程中，任何微小的偏差或疏忽，都可能引发连锁反应，最终导致失败或巨大的损失。

人生轨迹常因细微偏差而大相径庭。这就好比射箭，开弓时角度仅偏毫厘，箭落之处便可能与靶心相距甚远。职场里，方案细节上的小小疏漏，很可能让项目功亏一篑。

这启发着我们在日常生活和工作中，要时刻保持谨慎和专注。

九二 若登高必自卑

若登高必自卑，若涉远必自迩[1]。

注释

① 迩（ěr）：近处。

译文

如果想要登上高处，就必须从低处开始；如果想要到达远方，就必须从近处起步。

处世智慧

这句话强调了脚踏实地的重要性。

做任何事情都需要有扎实的基础和逐步的积累，不能一蹴而就或急功近利。

这与《老子》中的“千里之行，始于足下”有着异曲同工之妙，都强调了成功需要脚踏实地、循序渐进的道理。司马迁忍辱负重，从搜集整理史料做起，历经多年艰辛，终于完成了《史记》这一鸿篇巨制，为后世留下了宝贵的文化遗产。司马迁的成功，正是从一点一滴的积累开始的，没有捷径可走。

又如，愚公移山的故事，虽然带有寓言色彩，但也深刻揭示了持之以恒、不断努力的重要性。愚公不畏艰难，从搬动一小块石头开始，日复一日，年复一年，最终感动了天帝，移走了大山。这不仅是对自然力量的征服，更是对人类毅力和决心的颂扬。

总之，想要有所成就，就必须脚踏实地，慢慢积累。

九三 三思而行

三思而行，再思可矣。

译文

做事情之前要反复思考多次，其实思考两次就可以。

处世智慧

这句话强调了在做决策或行动之前要深思熟虑，反复权衡利弊，不要轻率行事。不过，在考虑周全和稳妥的同时，也要适可而止。

“三思而后行”与“谋定而后动”相呼应，共同阐述了深思熟虑的重要性。在面临重要决策或行动时，不能草率从事，而应反复思考，权衡利弊，确保决策的正确性和行动的稳妥性。

历史上，许多成功的故事都验证了这一道理。

春秋时期的越王勾践，在国破家亡之后，没有急于复仇，而是选择了卧薪尝胆、忍辱负重。他深思熟虑，制定了详细的复国计划，并一步步实施，最终成功击败吴国，实现了复国大业。这就是“三思而行”的生动体现。

不过，他思考之后，就马上采取行动，而不是陷在过度的思虑中。

因此，无论在学习、工作还是生活中，我们都应该铭记“三思而行，再思可矣”的道理，时刻保持清醒的头脑，深思熟虑后，就马上做决策或行动。

九四　使口不如自走

使口[①]不如自走，求人不如求己。

注释

①使口：使用口舌，指支配别人去做事。

译文

动口说不如自己亲自去做，向人求助不如依靠自己。

处世智慧

这句话强调了自立自强的重要性，鼓励人们不要依赖他人的帮助，而是要靠自己的努力来解决问题和实现目标。

这句古语和《道德经》中的“自胜者强”理念相契合，都强调了自立自强的精神。求人不如求己，在面对困难和挑战时，与其寻求他人的帮助，不如自力更生。

九五　小时是兄弟

小时是兄弟，长大各乡里。

译文

小时候是亲密无间的兄弟，但长大后却各自生活在不同的地方。

处世智慧

这句话反映了世事变迁、聚散无常的普遍现象。

在古代社会，由于交通不便、信息闭塞，人们往往因求学、仕途、生计等原因而不得不离家远行，与儿时的伙伴渐行渐远。这种情境正如《诗经》所言："昔我往矣，杨柳依依；今我来思，雨雪霏霏。"时间流逝带来物是人非之感。

随着时间的推移和环境的改变，许多曾经亲密无间的关系可能会逐渐疏远甚至消失。因此，我们应该学会在相聚时备加珍惜，在离别时保持联系和关怀，让友谊之树常青。

九六　妒财莫妒食

妒财莫妒食，怨生莫怨死。

译文

可以嫉妒别人的财富，但不可以嫉妒别人的食物；人活着时可以埋怨他，人死了就不要埋怨了。

处世智慧

这句话强调了人应该有宽广的胸怀，对生活中的一些事情保持宽容和理解。

在古代社会，财富往往被视为身份和地位的象征，可以嫉妒别人的财富，这一点能够理解和接受。但嫉妒别人的食物比自己的要丰富，就没有必要了。

“怨生莫怨死”，则是对待死亡的一种态度。人与人避免不了纷争。但如果对方死了，就不要再继续憎恨下去了。要用宽恕之心去面对生活，做人不要太狭隘了。

九七 人见白头嗔

人见白头嗔[①]，我见白头喜。多少少年亡，不到白头死。

注释

① 嗔：发怒、责怪。

译文

人们看到白发苍苍往往心生不悦或责备，但我看到白发却感到欣喜。因为世间有多少年轻人还未长出白发就已经离世了，相比之下，能够活到白发苍苍也是一种幸福和幸运。

处世智慧

这两句话表达了对自己能长寿的庆幸和感恩生命的人生态度。

人们常感叹生命的短暂与无常，许多英雄豪杰、文人墨客都曾在作品中抒发过类似的感慨。而这句话则通过“人见白头嗔”与“我见白头喜”的对比，强调了对于生老病死的不同认知。前者可能因衰老而心生怨恨，而后者则从中看到生命的坚忍与不易，对能够活到白发苍苍感到庆幸和满足。

同时，“多少少年亡，不到白头死”更是直接点出了生命的脆弱与不可预知性。它提醒我们，活到白发苍苍，已经是人生赢家，所以要乐观地面对衰老。

九八 墙有缝

墙有缝，壁有耳。

译文

墙壁上有缝隙，墙壁后面可能有耳朵在偷听。

处世智慧

这句话提醒人们注意自己的言行，避免泄露机密或敏感信息。

在古代社会，信息传递不如现代便捷，但人们的警惕性却丝毫未减。在任何时候、任何地点，都应保持适当的警惕，谨言慎行，以免被别有用心之人利用或传播。

同时，这句话也反映了古人对道德自律的重视。它提醒我们，在言行举止上应时刻保持检点，做到“慎独”，即在没有外界监督的情况下也能坚守道德底线，不做出违背良心和道德的事情。

九九 好事不出门

好事不出门，恶事传千里。

译文

好的事情不容易被传扬出去，而坏的事情却能迅速传播到很远的地方。

处世智慧

这句话反映了社会上的一种普遍现象，即负面消息往往比正面消息更容易引起人们的关注和传播。

它揭示了社会信息传播的一种偏向性，正所谓“众口铄金，积毁销骨”。舆论的力量，尤其是负面舆论更具破坏力。

这句俗语告诉我们，正面的、积极的事情往往由于种种原因而难以被广泛知晓，而负面的、消极的事情却像长了翅膀一样，迅速传遍四方。这不仅是因为人们天生对负面信息更为敏感和好奇，也反映了人性中“喜欢传恶”的缺点。

它提醒我们，在为人处世中要加强修养，自己不去传播别人的是非，以免对他人造成不必要的伤害。同时，也告诫世人不要做坏事。

一〇〇 贼是小人

贼是小人，智过君子。

译文

盗贼虽然是小人，但有时他们的心机却超过了正人君子。

处世智慧

这句话揭示了人性的复杂与社会现象的多面性。

盗贼虽品行低劣，但往往因犯罪需求，展现出超乎寻常的奸诈心机。

明冯梦龙《智囊全集》狡黠卷中记载了许多“机智过人”的盗贼，有窃国大盗，有老妪骗局，也有盗金、偷米的贼。

这些事例是在警示世人：窃贼不只是胆子大，还很有心机。要防窃贼，不只是要和他们斗勇，还要和他们斗智。

一〇一 君子固穷

君子固[①]穷，小人穷斯滥[②]矣。

注释

① 固：坚守。

② 滥：过度，无节制。

译文

君子在困顿中依然能够坚守自己的节操，而小人一旦陷入困境就会胡作非为，放纵自己。

处世智慧

这句话强调了君子和小人在面对困境时截然不同的态度和行为表现。

真正的君子，即使身处逆境，也能够坚守自己的道德底线，不为困境所动摇，如孔子所言“岁寒，然后知松柏之后凋也”，品德高尚、意志坚强的人在困境中依然能够坚守自己的节操。

反观小人，当遭遇贫困与挫折时，往往容易失去理智与道德约束，不择手段以求生存或利益，正如历史上许多因贪婪而堕落的官员，他们在权力与金钱的诱惑下，背离了初心与道德，最终走上了不归路。

因此，这句话提醒我们要时刻保持清醒的头脑，无论顺境还是逆境，都要坚守自己的道德底线与原则，做到“富贵不能淫，贫贱不能移，威武不能屈”，如此方能成为真正的君子，赢得他人的尊重与敬仰。

一〇二 贫穷自在

贫穷自在，富贵多忧。

译文

在贫穷的时候，人们往往能够过得自由自在，没有太多的烦恼和束缚；而当人们变得富贵之后，却有更多的忧虑和困扰。

处世智慧

这句话蕴含着古人对贫穷和富贵的深刻洞察。它并非绝对化地否定富贵的价值，而是提醒我们，在不同的生活状态下，人的心境和追求会有所不同。

庄子认为，真正的自由不在于物质的丰富，而在于心灵的解脱和超脱。在贫穷之中，若能保持一颗平和的心态，不为外物所累，便能享受到一种简单而纯粹的自在。

“富贵多忧”则揭示了富贵背后隐藏的代价。历史上不乏因财富而失去自我、陷入纷争的例子。如《红楼梦》中的贾府，曾经荣华富贵，最终却因贪婪和权势斗争而走向衰败，家族成员也因此饱受忧虑和痛苦。这告诉我们，富贵虽好，但若不能正确看待和处理，反而会成为负担和束缚。

一〇三 不以我为德

不以我为德，反以我为仇。

译文

不把我当作恩人，反而把我当作仇敌。

处世智慧

这句话谴责忘恩负义之辈，深刻揭示了人性的丑陋。

一个人出于善意或好心去做某事，却未能得到应有的感激和认可，反而被对方视为仇敌。这种事情在古代文学作品中并不鲜见。例如，《红楼梦》中贾迎春的丈夫。

此外，这句话还反映了人性中的弱点，如嫉妒、狭隘和自私。在现实生活中，有些人可能因为自身的局限性和偏见，无法正确看待他人的善意和帮助，反而将其视为威胁或挑衅。这种心态不仅会导致人际关系的紧张与破裂，还会阻碍个人的成长与进步。

当然，这也提醒我们要保持谦逊和自省。在面对他人的误解时，我们应该冷静地审视自己的行为和言辞，看看是否有什么地方做得不够好或不够恰当。同时，我们也要学会宽容和理解他人的立场和情绪，避免因为一时的冲动和误解而伤害彼此间的感情。

一〇四 宁向直中取

宁向直①中取，不可曲中求。

注释

① 直：正当的手段、方式。

译文

宁可用正当的方式去争取，也不要用不正当的手段去谋求。

处世智慧

这句话强调了坚持正道、光明磊落的重要性，否定了为达到目的而不择手段的行为。

这与儒家思想所倡导的“君子之道”相契合。儒家强调以诚待人、以德服人，反对欺诈和虚伪。而“宁向直中取，不可曲中求”正是这一思想在处世哲学上的具体体现。姜太公曾在渭水河畔用直钩钓鱼，以此表明自己不愿曲意逢迎、只愿以真才实学辅佐明君的志向。最终，他遇到了周文王，实现了自己的人生抱负。这个例子生动地诠释了“宁向直中取，不可曲中求”的精神内涵。

这句话提醒我们在面对选择和抉择时，应坚守自己的原则和底线，不要为了一时的利益或方便而放弃或违背原则。这种坚持原则的精神，是维护个人尊严和人格独立的重要基石。

一〇五 人无远虑

人无远虑，必有近忧①。

注释

①忧：忧患。

译文

一个人如果没有长远的规划，就一定会遇到眼前的忧患。

处世智慧

这句话强调了预见性和规划的重要性。

它告诫我们，在生活和工作中，如果缺乏长远的规划和考虑，就难免会遭遇眼前的困境和烦恼。《道德经》中也有类似的智慧：“其安易持，其未兆易谋。”这句话意思是在事情的变化征兆还未出现时，是容易谋划的。这与“人无远虑，必有近忧”相呼应，都强调了提前规划的重要性。

三国时期曹操攻打东吴时，东吴大将吕蒙建议在濡须口修筑船坞以备不时之需。这一远见卓识，正是对“人无远虑，必有近忧”的生动诠释。吕蒙考虑到战争的不确定性，提前做好了准备，从而避免了东吴在战争中陷入被动。

我们在生活和工作中，一定要有规划，不能只顾眼前利益而忽视长远发展。

一〇六 知我者谓我心忧

知我者谓我心忧[1]，不知我者谓我何求。

注释

① 忧：忧愁。

译文

了解我的人能明白我内心深处的忧虑，不了解我的人却问我到底有什么企求。

处世智慧

这句话感慨知音难求与不被理解的痛苦。

真正的知己能够洞察我们内心的忧虑与追求，而那些不了解我们的人，则可能对我们的行为产生误解或质疑。

在古代文学作品中，这样的情感共鸣屡见不鲜。如《诗经》中的许多篇章，都以深情的笔触描绘了人与人之间微妙的情感联系。其中，“投我以桃，报之以李”便是一种相互理解和回报的美好情感，它反映了人与人之间因相知而相惜的纯真情感。

俞伯牙与钟子期的故事便是“知我者谓我心忧”的生动诠释。俞伯牙善弹琴，而钟子期能深刻理解其琴声中的意境与情感。当俞伯牙弹奏表现高山的乐曲时，钟子期说：“善哉，峨峨兮若泰山！”当俞伯牙弹奏表现流水的乐曲时，钟子期又说：“善哉，洋洋兮若江河！”二人心意相通，成为千古传颂的佳话。所以当钟子期去世后，俞伯牙便觉得世上再无知音，于是摔破了自己心爱的琴，并且终身不再弹琴。

真正的理解与共鸣十分珍贵与难得。它启示我们在人际交往中，应努力寻求那些能够真正理解我们、与我们心灵相通的人，并珍惜彼此之间的情感纽带。同时，我们也应学会以更加开放和包容的心态去理解他人，减少因误解而产生的隔阂与冲突。

一〇七 晴干不肯去

晴干不肯去，直待雨淋头。

译文

晴天时不肯去做事，一直等雨淋到头上才后悔。

处世智慧

这句话强调了时机的重要性，提醒人们做事要未雨绸缪。

它与成语“机不可失，时不再来”有着异曲同工之妙。它告诫我们，在面对机遇或选择时，应当及时把握，不可犹豫不决，否则一旦错过，便可能陷入不利的境地。

三国时期的袁绍，在官渡之战前，本有机会一举消灭曹操，却因优柔寡断，错失战机，最终一败涂地。这便是典型的“晴干不肯去，直待雨淋头”。

春秋时期的吴王夫差，打败越国后，没有趁机彻底消灭越王勾践，反而放虎归山，最终自己被勾践所灭。这也是因为他在胜利面前过于骄傲自满，没有把握住彻底解决问题的机会，最终导致了自身的覆灭。

因此，我们在生活中要时刻保持清醒的头脑和敏锐的洞察力，善于发现和把握机遇，避免因犹豫不决而错失良机。

一〇八 成事莫说

成事莫说，覆水难收[1]。

注释

①覆水难收：倒在地上的水难以收回，比喻事情已成定局，难以挽回。《野客丛书》中记载："太公取一壶水倾于地，令妻收入。乃语之曰：'若言离更合，覆水定难收。'"

译文

事情已成定局，就不要再多说了；泼出去的水，是无法再收回的。

处世智慧

这句话常用于告诫人们，对于已经发生的事情，不要再去多加议论或试图改变，因为结果已经无法挽回。

它蕴含着对既定事实不可更改的深刻认识，与《论语》中的"往者不可谏，来者犹可追"相对照，前者强调的是对已发生之事的接受与放下；后者则是对未来可能性的期许与把握。

历史上，许多英雄豪杰在面对无法改变的失败或挫折时，都展现出了"成事莫说，覆水难收"的豪迈。如项羽在乌江自刎前，虽有"天之亡我，我何渡为"的无奈，却也未曾对过往的失败多加苛责，而是选择了坦然面对，英勇赴死。这种对既定事实的接受与尊重，正是"成事莫说"的生动体现。

同时，"覆水难收"也告诫我们，一旦采取行动，就要勇于承担后果，不要沉溺于对过去的遗憾与悔恨之中。因为时间不会倒流，已发生的事情无法改变，唯有向前看，积极面对未来。

一〇九 是非只因多开口

是非只因多开口，烦恼皆因强出头。

译文

很多是非争端都是由说话太多引起的，而许多烦恼则源于争强好胜，爱出风头。

处世智慧

这句话揭示了人际交往与自我修养中的智慧，要少说话，少逞强。

许多时候，话多不慎，便很容易卷入是非的漩涡。正如《道德经》所言：“多言数穷，不如守中。”过多的言辞容易使人陷入困境，保持适中的沉默，反而能避免许多无谓的纷争。

历史上，杨修才思敏捷却恃才傲物，多次在曹操面前显露锋芒，最终因“鸡肋”事件强出头而遭杀身之祸，这便是“强出头”招致灾祸的典型。反观诸葛亮，虽才智超群，却懂得“躬耕南阳，苟全性命于乱世，不求闻达于诸侯”，直至刘备三顾茅庐方出山。谦逊与审时度势，使他避免了不必要的风险，成就了千古佳话。

俗话说，“祸从口出”。因此，生活中我们应谨言慎行，避免无谓的争执；同时，在能力范围内行事，不盲目逞强，方能远离是非烦恼，保持内心的平和与宁静。

一一〇 忍得一时之气

忍得一时之气，免得百日之忧。

译文

忍下一时的怒气，可以避免日后长时间的烦忧。

处世智慧

这句话主要强调的是，遇事懂得忍耐和克制，可以避免未来更大的问题。

这句话与古代儒家思想所倡导的“忍辱负重”“以和为贵”等理念相契合。它告诫我们，在面对冲突和不满时，若能暂时抑制住内心的愤怒和冲动，选择宽容和退让，就能避免未来因此而产生的长久的忧虑和困扰。

韩信“胯下之辱”的故事便是这一道理的生动体现。韩信在年轻时曾受到一个恶霸的羞辱，要求韩信从其胯下钻过。面对这样的侮辱，韩信选择了忍耐，没有因一时之气而与之争斗。这一举动看似屈辱，实则展现了他的远见卓识和忍辱负重的精神。最终，韩信凭借自己的才华和努力，成为一代名将，名垂青史。

“小不忍则乱大谋。”忍一时之气，不仅是为了避免眼前的冲突，更是为了长远的发展和成就。

一一一 近来学得乌龟法

近来学得乌龟法，得缩头时且缩头。

译文

最近学习了乌龟的生存之道，当需要缩头时就把头暂且缩进壳里。

处世智慧

这句话教人要能屈能伸。适时退避，以保存实力，避免无谓的牺牲，与“小不忍则乱大谋”相呼应。

刘备，作为三国时期蜀汉的开国皇帝，其一生充满了波折与挑战。在创业初期，刘备势力弱小，多次寄人篱下，但他并没有因为一时的困境而气馁或冲动行事。相反，他选择了隐忍和退让，以保全自己并寻找机会。在曹操势力强大时，刘备曾被迫投靠曹操，并在“青梅煮酒论英雄”时故意示弱，以避免曹操的猜忌和打压。这种隐忍和退让的策略，使得刘备能够在乱世中保全性命，并最终找到机会发展壮大自己的势力。这种“得缩头时且缩头”的作风，使得刘备能够在长期的斗争中逐渐积累实力，并最终实现了自己的霸业。

因此，这句话警示我们，要学会审时度势，懂得在适当的时候选择退让和隐忍，而不是一味地逞强斗狠。这样不仅能避免不必要的冲突和伤害，还能在关键时刻保存实力，为未来的成功奠定基础。

一一二 惧法朝朝乐

惧[1]法朝朝乐，欺公日日忧。

注释

① 惧：畏惧，敬畏。

译文

敬畏法律、遵纪守法，生活就会充满安宁和快乐；罔顾公理、违法乱纪，每天都会生活在忧虑和恐惧之中。

处世智慧

这句话劝人遵纪守法。“惧法朝朝乐”告诉我们，只有心存对法律的敬畏，自觉遵纪守法，才能确保社会的和谐稳定，从而带来个人的安宁与快乐。

从现实生活的角度来看，“欺公日日忧”则是对那些违法乱纪、罔顾公理之人的警示。他们或许能一时得意，但终究会面临法律的制裁和社会的谴责，生活在无尽的忧虑和恐惧之中。

一一三 人生一世

人生一世，草生一春。

译文

人只能活一世，就像草木只能生长一个春天。

处世智慧

这句话传达了对生命短暂且唯一的感慨，提醒人们要珍惜生命，活在当下。

人生虽短，却应如草之春生般，努力散发自己的光彩，珍惜每一个当下，活出自己的价值。在有限的时间里，追求无限的可能，让生命之树常青，让精神之花常开。

一一四 白发不随老人去

白发不随老人去，看来又是白头翁。

译文

白头发不会随着老人的逝去而消失，黑头发的人转眼间又变成了白发老人。

处世智慧

本则蕴含了岁月无情、人生易老的深刻哲理。

时光如梭，白发不仅是衰老的标记，更是生命历程的见证。这就提醒我们，生命是有限的，切忌在浑浑噩噩中虚度。与其感叹白发早生，不如精进勤勉，为自己的人生增光添彩。

一一五 月过十五光明少

月过十五光明少，人到中年万事休①。

注释

①休：停止，此处指没有作为。

译文

月亮过了十五之后，它的光明会逐渐减少；而人到了中年以后也就不会有太大的作为了。

处世智慧

这句话感叹人到中年作为就少了。

与古代名句“夕阳无限好，只是近黄昏”相呼应，两者都描绘了事物达到巅峰后逐渐衰退的景象，前者以月为喻，后者则以太阳作比。

许多历史人物在中年后有不同的选择与命运。如孔子，虽至中年方得志，却仍坚持传道授业，其思想影响深远，展现了中年并非“万事休”，而是新阶段的开始。又如苏轼，中年遭贬，却能以豁达之心面对，诗词创作更上层楼，体现了人生的韧性与深度。

这提醒我们，人到中年，或许面临着体力、精力的下降，以及社会角色的转变，但并不意味着追求的停止。相反，中年是人生的重要阶段，它要求我们以更加成熟的心态，去审视过去，规划未来，继续追求内心的理想与价值。正如月有阴晴圆缺，人生亦有起伏跌宕，关键在于我们如何把握每一个阶段，活出自己的精彩。

一一六 儿孙自有儿孙福

儿孙自有儿孙福，莫为儿孙作马牛[①]。

注释

① 马牛：即牛马，比喻迫于生活供人驱使从事艰苦劳动的人。

译文

儿孙们自有他们自己的福气和命运，做长辈的不要为儿孙的事情过多操心，当牛做马。

处世智慧

这句话是在劝诫人们对于后代的生活和成长，在给予适当的引导和帮助的同时，也要懂得放手，让他们自己去经历、去成长，不要过度干预或溺爱。

它强调了适度放手、顺应自然的重要性。孟母三迁的故事中，孟母为了孟子的成长环境而三次迁居，但她并没有直接为孟子铺好一切道路，而是让孟子在自然的成长环境中学会独立与坚忍。这正是“儿孙自有儿孙福”的体现，即相信每个孩子都有自己独特的成长轨迹和福报。

作为长辈，过度的溺爱和保护反而可能剥夺了儿孙成长的机会，让他们失去面对困难和挑战的能力。牛马般任劳任怨地为儿孙付出一切，最终可能换来的是他们的过度依赖。

一一七 人生不满百

人生不满百，常怀千岁忧。

译文

人的生命通常活不到一百岁，但人们却常常忧虑着千年以后的事情。

处世智慧

这句话感慨人生苦短，不必为那些无意义的事情而烦恼。

曹操在《短歌行》中写道：“对酒当歌，人生几何？譬如朝露，去日苦多。”他以朝露喻人生，强调了生命的短暂与珍贵，同时也流露出对未来的忧虑。

然而，过度忧虑未来，往往会让人忽视当下的美好与幸福。因此，这句古语也提醒我们，人生苦短，所以要珍惜眼前的时光，活在当下，用积极的心态去面对生命中的每一个瞬间。

一一八 今朝有酒今朝醉

今朝有酒今朝醉，明日愁来明日忧。

译文

今天有酒，今天就痛快畅饮；明天的忧愁，就等明天再去担忧。

处世智慧

这句话传达了一种及时行乐的生活态度。

它是从唐代诗人罗隐的《自遣》延伸而来。原诗说：“得即高歌失即休，多愁多恨亦悠悠。今朝有酒今朝醉，明日愁来明日愁。”

古代的文人墨客常借酒抒怀，表达对世事无常、人生短暂的感慨。这句话中的“今朝有酒今朝醉”，并非鼓励人们沉溺于酒色之中，而是倡导一种活在当下、享受生活的态度。人生短暂，不必过分忧虑未来，而应珍惜眼前的每一刻，尽情体验生活的美好。

“明日愁来明日忧”则表达了对未来的消极应对。不过，换个角度来讲，未来的事情我们无法预知，也无法控制，因此不必过分担忧。当忧虑真正来临时，我们再去面对和解决也不迟。

一一九 路逢险处难回避

路逢险处难回避，事到头来不自由。

译文

走路走到危险的路段时，已经很难回避；事情落到身上，就已经身不由己。

处世智慧

这句话深刻揭示了人生旅途中走向绝境的无奈。

许多事情的发展并不完全受个人意志的控制。在关键时刻，我们可能会受到各种外部因素的制约和影响，导致无法按照自己的意愿行事。但这并不意味着我们应该放弃努力或听天由命，而是要提前筹谋，做好预判，选择好大方向，确保通达；做事留有余地，避免走进死胡同。只有充分发挥自己的主观能动性，做到未雨绸缪，才能尽量避免陷入绝境。

一二〇 药能医假病

药能医假病，酒不解真愁。

译文

药可以治愈假装的疾病，但酒却不能解除内心真正的忧愁。

处世智慧

这句话表达了物质手段（如药物和酒）在解决精神层面问题上的局限性。

这句话与李白的“抽刀断水水更流，举杯销愁愁更愁”相呼应，两者都揭示了物质手段在解决精神困扰上的无力。

自古以来，许多文人墨客、英雄豪杰在面对人生挫折与忧愁时，往往寄情于酒，试图以此忘却烦恼。然而，正如这句话所言，酒虽能暂时麻痹神经，让人忘却眼前的痛苦，却无法真正触及并治愈内心深处的忧愁。真正的疗愈是直面困境，解决问题。

这句话也提醒我们，面对生活中的困难和挑战，不能一味依赖外在的物质，也不能选择逃避的方式，而应勇于面对，积极寻求解决之道。

一二一 人平不语

人平[①]不语，水平不流。

注释

① 平：公平。

译文

人如果受到公平的待遇就没有牢骚，水如果处在同一水平线就不会流动。

处世智慧

这句话深刻揭示了公平在社会中的基石作用。

所谓“不患寡而患不均”，公平的重要性不言而喻，它是社会正义的核心体现，是社会成员共同遵守的价值观。如中国古代的“大同世界”理想，便是对这种公平社会的向往。人人平等，各得其所，自然和谐共生。而放眼世界，无论是古希腊哲学家柏拉图的“理想国”，还是现代社会的法治原则，都在追求一种基于公平之上的社会秩序。

当社会中的每个人都能在公平的原则下获得应有的权益，他们内心自然趋于平和，少有怨言，正如平静的水面因无外力干扰而静止不流。

一二二 一家养女百家求

一家养女百家求，一马不行百马忧。

译文

一家有待嫁的女儿，那么会有百家前来提亲；一匹马不走，那么其他的马也会感到担忧。

处世智慧

这句话强调了个体和群体之间相互依存的关系。

“一家养女百家求”，告诉我们，一个人的存在，会影响到一百个人的行为。这就意味着，个体做选择时，不能只顾自身利益，因为这个选择不仅关乎自己，也关乎周围的人和环境。

“一马不行百马忧”则是以马为喻，形象地说明个体与整体的关系。在集体行动中，任何一个个体的缺失或失误都可能对整体造成不利影响。它也提醒我们要时刻关注自身的表现，以免成为团队的负担或拖累。

这句话传达了一个道理：无论是个人选择，还是团队合作，都需要我们认真对待、全力以赴，因为我们的每一个决定和行动都可能对周围的人和事产生深远的影响。

一二三 有花方酌酒

有花方酌[1]酒，无月不登楼。

注释

①酌：饮酒。

译文

有花的时候才会斟酒享受，没有月亮就不会去登楼观景。

处世智慧

这句话表达了一种追求美好环境和氛围的雅致情趣。

古代文人常常借酒抒情，赏花品月，将自然之美与人生之乐融为一体。唐代诗人李白就曾有“花间一壶酒，独酌无相亲”之句，表达了在花前月下独自饮酒的惬意与超脱。而“无月不登楼”，则让人联想到宋代词人辛弃疾的“明月别枝惊鹊，清风半夜鸣蝉”等描绘月夜美景的佳句，以及古人登高远眺、赏月抒怀的文化传统。

美好的事物和氛围能够增添生活的乐趣和雅韵，让人在享受自然之美的同时，也感受到心灵的愉悦和满足。在忙碌的生活中，不妨放慢脚步，去发现和欣赏身边的美好，让心灵得到放松和滋养。

一二四　三杯通大道

三[①]杯通大道[②]，一醉解千愁。

注释

① 三：古代的“三”常为虚指。

② 大道：高深的道理。

译文

喝上几杯酒就能领悟人生的真谛，一醉就能解除千千万万的忧愁和烦恼。

处世智慧

这句话体现了酒文化中的一种乐观豁达、借酒消愁的心态。

中国酒文化源远流长，文人雅士常以酒会友，借酒消愁，甚至在酒中寻找灵感与哲思。如唐代诗人李白，便有“举杯邀明月，对影成三人”的佳句，展现了他在酒中寻求陪伴与慰藉的情景。“三杯通大道”的寓意是在适量饮酒之后，人们往往能放下平日的束缚与烦恼，领悟到人生的真谛，达到一种超脱与自在的境界。

“一醉解千愁”直接表达了人们希望通过醉酒来暂时忘却世间烦恼、缓解内心压力的愿望。这只是对现实困境的一种逃避，也可能“酒后愁更多”。

值得注意的是，虽然酒能暂时带来欢愉与解脱，但并非解决问题的根本之道。面对困难时，仍需我们在清醒时寻求解决之道。

一二五 深山毕竟藏猛虎

深山毕竟藏猛虎，大海终须纳[①]细流。

注释

① 纳：容纳。

译文

深山中毕竟隐藏着凶猛的老虎，而广阔的大海终究要容纳细小的溪流。

处世智慧

这句话传达了包容与接纳的重要性。

古人有云：“龙游浅水遭虾戏，虎落平阳被犬欺。”此句反衬出深山之于猛虎的庇护，正如英雄需有用武之地，强者亦需适宜环境以展其威。而大海纳细流，恰如《道德经》所言：“江海之所以能为百谷王者，以其善下之，故能为百谷王。”大海之所以浩瀚无垠，正因其不拒细流，方能成就其大。

刘邦善纳谏言，广开才路，终得张良、韩信等贤才辅佐，成就汉室基业，此即为“大海终须纳细流”之历史明证。反观项羽，刚愎自用，不纳忠言，终致乌江自刎，此乃忽视“细流”之鉴。因此，无论是自然法则，还是历史教训，都告诉我们：包容与接纳是成就伟业之基石。

一二六 惜花须检点

惜花须检点[1]，爱月不梳头。

注释

① 检点：注意约束自己的言语行为。

译文

爱惜花朵，就需要约束自己，不随意攀折或亵玩；而爱惜月亮，欣赏时则不必特意去梳妆打扮。

处世智慧

这句话表达了一种对美好事物的珍视与欣赏态度，同时也隐含了一种超脱世俗、追求自然纯真的生活哲学。

“惜花须检点”提醒我们，对于美好而脆弱的事物（如花），我们应当持有珍惜与尊重之心，行事需谨慎，做人要检点，不可随便破坏其美好。这反映了一种对自然之美的敬畏与爱护。

“爱月不梳头”则进一步将这种尊重自然、追求本真的态度推向了极致。月亮作为自然之美的象征，无须人为的修饰与装扮，其本身便纯净与圆满。因此，爱月之人无须刻意梳妆打扮，只需以一颗纯净的心去欣赏、去感受即可。这体现了一种超脱世俗、追求内在精神世界的富足与自由的人生态度。

一二七 大抵选他肌骨好

大抵选他[1]肌骨[2]好，不傅红粉也风流。

注释

① 他：古语中“他”可指无性别特征的人或者物。② 肌骨：肌肤、容颜。

译文

大概是因为他天生的肌肤和容颜就好，即使不施粉黛，也自然流露出一种迷人的风采。

处世智慧

这句话道出了自然之美与内在气质的非凡魅力。

在古代，有许多名句与典故都与之相呼应，如“清水出芙蓉，天然去雕饰”，形容一个人天生丽质，无须过多修饰便自有一番风韵。

西施、王昭君等古代美女，她们的美丽不仅仅在于外在的妆容与服饰，更在于那份由内而外散发的气质与韵味。这告诉我们，真正的美，是源自内心的纯净与高尚，是自然流露的优雅与从容。

在这个纷繁复杂的世界中，我们不应过分追求外在的修饰与装扮，而应注重培养自己内在的品质与气质，让自己在任何时候都能展现出独特的魅力与风采。

一二八 受恩深处宜先退

受恩深处宜先退，得意浓时便可休。莫待是非来入耳，从前恩爱反为仇。

译文

当受到深厚的恩泽时，应当懂得适时退让；在得意时，应该懂得适可而止。不要等到是非纷扰传入耳中，导致原本的恩情和友爱反而变成了仇恨。

处世智慧

这两句话劝诫人们在顺境中要保持谦逊和节制，知道进退，避免因为贪婪或放纵而引发不必要的纷争和矛盾。

古代有“功成身退”之说，如明朝开国的功臣、朱元璋的重要谋士朱升，在朱元璋称帝后不久即“请老归山”，毅然辞官归隐，他也因此得以善终。这正是“受恩深处宜先退”的生动写照，即在恩情深重时适时抽身，避免陷入权力的漩涡。

“得意浓时便可休”，则与“月满则亏，水满则溢”的哲理相呼应，提醒人们在事业有成、春风得意之时，要懂得适可而止，不可过于张扬，以免招致嫉妒与祸患。

“莫待是非来入耳，从前恩爱反为仇”则警示我们，人际关系复杂多变，在利益冲突或误解之下，昔日的情谊往往可能瞬间化为乌有。因此，应适可而止，急流勇退。这些道理，无论在古代还是现代，都具有深刻的指导意义。

一二九 留得五湖明月在

留得五湖[①]明月在，不愁无处下金钩。

注释

①五湖：我国的几个大湖，有多种说法，一般指洞庭湖、鄱阳湖、太湖、巢湖、洪泽湖。

译文

只要五湖中的明月在，就不用担心没有地方去钓鱼。

处世智慧

这句话告诉我们只要基本条件还在，就总有实现目标或愿望的机会。

在人生的旅途中，只要有信心，眼光长远，那么未来道路无论如何曲折，都不愁找不到实现理想与抱负的途径。

这与李白的“天生我材必有用，千金散尽还复来”有异曲同工之妙，都强调了个人价值与潜力的无限性，以及在困境中保持积极乐观的重要性。历史上，许多伟人在遭遇挫折与失败时，正是凭借着这种“留得青山在，不怕没柴烧”的信念，最终迎来了人生的转机与辉煌。

一三〇 休别有鱼处

休别有鱼处，莫恋浅滩头。

译文

不要离开能钓到鱼的地方，不要贪恋水浅无鱼的滩头。

处世智慧

这句话告诉我们应当珍惜并充分利用当前的有利条件，不应因贪图安逸或短视而错失良机。

韩信起初投奔刘邦时并未立刻受到重视，但他没有贪恋“浅滩头”，而是耐心等待并寻找机会。最终，在萧何的力荐下，韩信得以施展才华，成为汉军统帅，为刘邦夺取天下立下赫赫战功。

在人生的道路上，要善于识别并把握有利条件，不贪恋别处的安逸，应当不断追求自我提升和成长。只有这样，才能在更广阔的舞台上实现自己的价值。

一三一 去时终须去

去时终须去，再三留不住。

译文

到了离开的时候终究是要离开的，再三挽留也留不住。

处世智慧

这句话体现了人生无常与顺应自然的哲理，表达了一种无奈和接受现实的态度。

这句话与苏轼的“人有悲欢离合，月有阴晴圆缺，此事古难全”相呼应，都表达了对人生聚散离合的深刻理解。苏轼以自然界的月缺月圆比喻人生的聚散无常，强调了这些变化是世间常态，难以强求。故而我们在面对离别与变迁时，需要保持豁达，看得开，放得下。珍惜当下，但同时也要有勇气面对未来的不确定性。

一三二 忍一句

忍一句，息一怒；饶一着[①]，退一步。

注释

① 着（zhāo）：下棋时下一子或走一步为一着。

译文

忍住不说一句冲动的话，就能平息一次愤怒；在遇到问题时主动让一步，别人也会退让一步。

处世智慧

这句话传达的是一种以和为贵、宽容忍让的生活智慧，教导人们在面对冲突和争执时，应该学会冷静、宽容和退让，以避免不必要的纷争和伤害。

这句话与儒家思想所倡导的“和为贵”不谋而合。我们要设身处地地为他人着想，避免冲突和争执。而“忍一句，息一怒”正是体现了这种思想，即在面对冲突时，我们应该忍住冲动，避免说出伤人的话，从而平息愤怒，维护和谐的人际关系。

清朝康熙年间的“六尺巷”故事是一个生动的例子。相传安徽桐城的张英在京为官，其邻居吴氏欲侵占张家的宅边地。张英的家人驰书北京，希望张英能凭官威压一压吴氏的气焰。然而，张英却回诗一首：“千里修书只为墙，让他三尺又何妨？长城万里今犹在，不见当年秦始皇。”张英的家人得诗后，主动退让三尺，吴氏闻之也深受感动，后撤三尺，于是形成了“六尺巷”。

宽容和退让，不仅解决了争端，还赢得了对方的尊重和感激，从而达到了和谐共处的目的。

一三三 三十不豪

三十不豪，四十不富，五十将相寻死路。

译文

如果到了三十岁还没有豪情，到了四十岁还没有积累起财富，那么到了五十岁就要临近死亡了。

处世智慧

这句话提醒人们要珍惜时光、努力奋斗，在不同的人生阶段都要有所作为和积累，以免将来后悔莫及。

从字面意思上看，这句话告诫人们，在三十岁时应展现出豪迈的气魄，有所作为，四十岁时应积累起一定的财富，否则到了五十岁，就可能会陷入困境。这里的“豪”不仅指物质上的富足，更强调精神上的独立与自信。“富”则不仅限于金钱，还包括知识、经验和人生智慧的积累。

孔子曾说“三十而立”，虽然原意并非特指物质或社会地位上的成就，但后人多将其理解为人在三十岁时应形成自己的思想体系、价值观和生活方式，这与“三十不豪”中的“豪”有着异曲同工之妙，都在强调三十岁是人生中的一个重要转折点，需要有所担当和作为。

一三四 生不认魂

生不认魂，死不认尸。

译文

人活着的时候不认识自己的灵魂，去世后不认识自己的尸体。

处世智慧

这句话揭示了人在生死问题上的一种局限性。

“生不认魂”，反映了人在活着的时候，对于自己的灵魂、内在精神或更高层次的意识缺乏认识。人们往往更关注物质层面，活着的时候不认识真正的自己，看不清自己的目标和精神上的追求。

“死不认尸”，是说人在死后，万事皆空，对于自己的身体当然就不认识。这说明人们在面对死亡时，是有其局限性的。

这句话提醒我们要更加全面地认识和面对生死，既关注物质层面，也不忽视精神层面的探索和认知。

一三五 父母恩深终有别

父母恩深终有别，夫妻义重也分离。人生似鸟同林宿，大限[1]来时各自飞。

注释

① 大限：死期。

译文

父母的恩情再深厚，但终究会有离别的时候；夫妻的情义再重要，但也要面临分离。人生就像鸟儿在树林里一同栖息，但当到达生命的终点时，它们就会各自飞走。

处世智慧

这两句话表达了人生中的离别和无常。

从“父母恩深终有别”来看，它让人联想到“树欲静而风不止，子欲养而亲不待”这一千古名句，都强调了父母的恩情深厚，但生命的无常使得相聚总有尽头。

“夫妻义重也分离”则与“两情若是久长时，又岂在朝朝暮暮”形成对比。后者表达了情感的恒久，但前者提醒我们，即使情感再深，也可能因为生活的变故或生命的终结而分离。

“人生似鸟同林宿，大限来时各自飞”这一比喻，强调了人生的短暂和无常。鸟儿在林中共栖，但当生命的“大限”来临时，它们终将各自飞翔，象征着人生的离别和终结。

这些都提醒我们，既要珍惜眼前的相聚，也要坦然面对生命中的离别。

一三六 人善被人欺

人善被人欺，马善被人骑。

译文

如果一个人过于善良，就容易被别人欺负；如果一匹马过于温顺，就容易被别人骑乘。

处世智慧

这句话揭示了人性的一个弱点：善良若无底线，往往容易被他人利用或轻视。

春秋时期的宋襄公，在“泓水之战”中，因坚守“仁义”之名，不愿在敌人未列好阵时发动进攻，结果在战争中败给了楚国。事实表明，无视现实环境，盲目的善良将会导致不利的后果。

“人善被人欺，马善被人骑”，不仅是对人性弱点的揭示，也是在提醒人们在行善时也要懂得自我保护。

一三七 人无横财不富

人无横财[①]不富，马无夜草不肥。

注释

①横财：意外之财。

译文

人要是没有额外的财富，就很难变得富裕；马要是晚上不吃草，就很难长膘变肥。

处世智慧

这句话揭示了横财与致富的关系。

“人无横财不富”中的“横财”，指的是意外的、非正常的收入，常带有偶然性和非预期性的特点。

古代的战马是国家的重要资产，为了保持战马的体力，夜间加餐是常见的做法。正如这句俗语所说，马匹如果没有夜间的加餐，就很难保持良好的体态。

“人无横财不富，马无夜草不肥”这句话常被解读为追逐歪门邪道。其实，横财也可理解为机遇，在坚守正道、持续努力积累实力的基础上，敏锐捕捉机遇，就能让生活出现转机。机遇是勤勉不懈的回报，而非不劳而获的借口。

一三八 人恶人怕天不怕

人恶人怕天不怕，人善人欺天不欺。善恶到头终有报，只争来早与来迟[①]。

注释

① 善恶到头终有报，只争来早与来迟：出自唐代令超《垂训诗》：“行藏虚实自家知，祸福因由更问谁。善恶到头终有报，只争来早与来迟。闲中检点平生事，静坐思量日所为。常把一心行正道，自然天地不相亏。”

译文

凶恶的人，人们害怕他，但上天不惧怕他；善良的人，人们可能会欺负他，但上天不会欺负他。无论是善行还是恶行，到最后都会有报应，只是看报应来得早还是迟。

处世智慧

这两句话深刻揭示了善恶行为终将得到报应的道理。

比如，《德德经》中的“天网恢恢，疏而不失”，就表达了天道正义终将制裁邪恶的信念。而“善恶到头终有报，只争来早与来迟”，也与《左传》中的“多行不义必自毙”相呼应，都强调了恶行终将自食恶果。

这几句话鼓励我们要行善积德，避免作恶。

一三九 黄河尚有澄清日

黄河尚有澄清日，岂可人无得运时。

译文

黄河水都有澄清的那一天，人怎么可能没有走运的时候呢？

处世智慧

这句话强调了每个人都会时来运转。

《九歌·湘夫人》中有“时不可兮骤得，聊逍遥兮容与”之句，表达了时运不可强求，但人可以在其中悠然自得的哲理。这与“黄河尚有澄清日，岂可人无得运时”所传达的相信时来运转的乐观态度相呼应。

苏秦早年游历列国，穷困潦倒，但他不放弃努力，最终成为六国宰相，佩六国相印。苏秦的经历正是“黄河尚有澄清日，岂可人无得运时”的生动写照，他用自己的坚持和努力，证明人生总有走运的时候。

这启发我们只要在困境中保持乐观的心态，未来一定会有好运降临。

一四〇 得宠思辱

得宠思辱，安居虑危①。

注释

① 安居虑危：处安乐之境，要想到可能出现的危险、困难。

译文

在得到宠爱的时候，要想到可能会遭受的羞辱；在安逸的生活环境中，要考虑到可能遇到的危险。

处世智慧

这句话告诫人们在顺境中也要保持警惕，预见并防范可能出现的危机。

《左传》中有“居安思危，思则有备，有备无患”之句，与“得宠思辱，安居虑危”所传达的思想不谋而合。

在贞观年间，唐太宗曾问魏徵：“创业与守成孰难？”魏徵回答说：“自古帝王，莫不得之于艰难，失之于安逸，守成难矣！”唐太宗深以为然。魏徵的话实际上就体现了“得宠思辱，安居虑危”的思想。唐太宗在创业时期历经艰辛，深知守成的不易，因此他时刻保持着警惕和谦逊的态度，不断纳谏改过，力求国家长治久安。

在得到权力和地位的时候，人们往往容易骄傲自满、放松警惕，从而忽视了可能存在的危险和隐患。然而，真正的智者应该像唐太宗那样，时刻保持清醒的头脑和谦逊的态度，不断反思自己的行为和决策，预见并防范可能出现的逆境或危险。只有这样，才能在顺境中稳健前行。

一四一 念念有如临敌日

念念[①]有如临敌日，心心常似过桥时。

注释

① 念念：每个念头、思想。

译文

思想上时刻像面临敌人一样警惕，心理上时刻要像在过桥一样谨慎。

处世智慧

这句话告诫人们要时刻保持警惕和谨慎。

李白《蜀道难》中有“一夫当关，万夫莫开”之句，形容地势险要，易守难攻，但也可以理解为守关者需时刻保持高度警惕，以防万一。这与“念念有如临敌日”所传达的时刻保持戒备心态的思想契合。

至于“心心常似过桥时”，则可以联想到“履冰临渊”的典故。这个典故出自《诗经》，形容人行事极为谨慎，如同走在薄冰上或临近深渊边缘一样。过桥时亦需如此小心，一步之差可能导致灾难。因此，“心心常似过桥时”是提醒人们，在日常生活中，无论大小事务，都应像过桥那样谨慎行事。

一四二 英雄行险道

英雄行险道，富贵似花枝。

译文

英雄走的道路充满危险，富贵就像枝上繁花般短暂。

处世智慧

这句话强调了英雄要有勇气和决心去走艰难的道路，而富贵则不是永恒不变的，需要珍惜和把握。

蔺相如携带和氏璧入秦，冒险与秦王周旋，最终成功地保住了和氏璧和赵国的利益。这就是英雄敢于冒险、置之死地而后生的道理。而“富贵似花枝”则与《红楼梦》中的“好了歌”有异曲同工之妙，其中的“世人都晓神仙好，惟有功名忘不了！古今将相在何方？荒冢一堆草没了”，就揭示了富贵功名如同花枝般短暂，最终都将化为尘土。

这提醒我们凡事都有两面性。要勇气与理智并重，不因险阻而怯懦；不因功名利禄而得意忘形。

一四三 人情莫道春光好

人情莫道春光好，只恐秋来有冷时。

译文

不要说人情像春光一样美好，只怕也有像秋天那样清冷的时候。

处世智慧

这句话深刻地揭示了人情冷暖的真相。

《菜根谭》中有“人情反复，世路崎岖”之语，表达了人情的多变和世路的艰难。这与“人情莫道春光好，只恐秋来有冷时”所传达的思想是相吻合的。它警示人们在人情上不要过于乐观，要有面对变化的心理准备。

这提醒我们不要过于依赖和期盼人际关系的永恒美好，要保持内心的淡定与从容。

一四四 送君千里

送君千里，终须一别。

译文

送你送了千里之远，但最终还是要分别。

处世智慧

这句话表达了离别时的无奈和感伤，也体现了人生离别的普遍性和必然性。

古时候，当友人或亲人即将离开某地时，人们常会在长亭设宴送行，有时会不知不觉送出很远。然而，无论送别的路途有多长，最终还是要面对分别的那一刻。《九歌·少司命》中有“悲莫悲兮生别离，乐莫乐兮新相知”之句，表达了人生中最悲伤的事莫过于生生的别离，而最快乐的事则莫过于新相知的喜悦。

这告诫我们要珍惜相聚的时光，因为离别总是不可避免的。

一四五 但将冷眼看螃蟹

但将冷眼[1]看螃蟹，看你横行到几时。

注释

① 冷眼：指冷静客观的态度。

译文

我冷眼旁观着螃蟹，看你能横行霸道到什么时候。

处世智慧

这句话形象地描绘了某些人嚣张跋扈、肆意妄为的状态，并预言其嚣张态势不会长久。

东汉末年的董卓肆意妄为，欺压百姓，横行朝廷，但最终被王允等人设计除掉。董卓的嚣张态势与螃蟹横行相似，而他的结局则验证了“看你横行到几时”的预言。

这句俗语体现了古代人们对于正义终将战胜邪恶的坚定信念。它告诫我们，面对不可一世的嚣张者，应保持冷静与理智，或许其很快就会自食恶果。

一四六 见事莫说

见事莫说，问事不知；闲事莫管，无事早归。

译文

看见事情不要随便说出去，被问到事情就说不知道；别人的闲事不要去管，自己没事就早点回家。

处世智慧

这句话传达了一种谨慎、低调、不惹事端的生活态度。

《论语》中的“多闻阙疑，慎言其余”，强调对不确定的事情要保持谨慎态度，不要轻易发表意见。它告诫人们要管住自己的言行，避免不必要的麻烦和纠纷。

一四七 假饶染就真红色

假饶[①]染就真红色，也被旁人说是非。

注释

①假饶：即便。

译文

就算是染成了真正的红色，也会被旁人挑剔说闲话。

处世智慧

这句话深刻地揭示了人世间的一种无奈现象：即使你做得再好，也总会有人挑剔、说闲话。

近代思想家梁启超曾经说过这样的话：“誉满天下，未必不为乡愿；谤满天下，未必不为伟人。”因此，我们应当清醒地认识到，外界的评判或许难以避免，但这些评判却不应成为我们前行的阻碍。只要专注于自身成长，不断进步，即便被他人议论，也能问心无愧，坚守本心。

一四八 善事可作

善事可作，恶事莫为。

译文

好事可以做，坏事不要干。

处世智慧

这句话传达了一种积极向善、避免作恶的道德观念。

“勿以恶小而为之，勿以善小而不为”与“善事可作，恶事莫为”有着异曲同工之妙。这句话出自《三国志·蜀志·先主传》，是刘备临终前对儿子刘禅的遗诏内容之一。它告诫人们，不要因为恶事小就去做，也不要因为善事小就不去做。小恶积累多了会变成大恶，小善积累多了则能成就大德。

据《史记》记载，游侠朱家，在秦末汉初战乱纷争的时期，不仅救助了落难的英雄，还搭救了许多百姓，并且不夸耀自己的善举，更不接受他们的感谢。这种行为正是“善事可作”的生动体现。相反，像唐代武则天时期的酷吏来俊臣，肆意陷害大臣，乱杀无辜，最终落得个被众人唾弃的下场，这就是“恶事莫为”的深刻教训。

这提醒我们要时刻保持警觉，远离恶行，积极行善。

一四九 许人一物

许人一物，千金不移。

译文

答应送给别人东西，即使有人用千金来换也不会改变主意。

处世智慧

这句话深刻地体现了人们对于承诺的尊重和坚守。

在传统文化中，承诺被视为一种神圣的契约，一旦许下，便应如千金般贵重，不可轻易更改。《论语》中的“言必信，行必果”，强调了言语的可靠性和行动的果断性，与“许人一物，千金不移”所传达的坚守承诺的精神是一致的。

季布是楚汉相争时期的一位著名将领，他以信守承诺而闻名。有一次，他答应了一位朋友的事情，尽管后来遇到了极大的困难，但他始终坚守承诺，最终实现了对朋友的诺言。

这也教导我们要坚守自己的承诺，做到言行一致，以诚信赢得他人的信任和尊重。

一五〇 龙生龙子

龙生龙子，虎生豹儿[①]。

注释

①虎生豹儿：豹，一作“虎”。老虎生下像豹一样的孩子。因老虎幼时和豹子长得很像，所以这么说。

译文

龙生下的是龙的后代，虎生下的是虎的后代。

处世智慧

这句话强调了生物遗传和血脉相传的概念。

“种瓜得瓜，种豆得豆”便与“龙生龙子，虎生豹儿”相呼应，都强调了生物遗传的不可变性。这意味着，优秀的父母往往能生出同样优秀的孩子，因为他们的优秀基因得到了遗传。这启示我们，要重视自己的血脉和家族传统。

一五一 龙游浅水遭虾戏

龙游浅水遭虾戏，虎落平洋[①]被犬欺。

注释

①平洋：一作“平阳”，地势平坦之处。

译文

龙游到浅水里就会被虾戏弄，虎到了平原上会被狗欺负。

处世智慧

这句话描绘了强者或高位者在不利环境下可能遭遇的困境和羞辱。

“时势造英雄，英雄亦适时”，便与这一俗语有着异曲同工之妙。它们都强调了环境和形势对于强者的重要性。这启示我们即使身居高位或拥有强大实力，也要审时度势，注意环境和形势的变化，以免陷入不利的境地。

一五二 一举首登龙虎榜

一举首登龙虎榜[①]，十年身到凤凰池[②]。

注释

① 龙虎榜：同一时期的知名人士同登一榜。此处指朝廷公布的科举录取名单。

② 凤凰池：原是皇宫禁苑中的池沼。魏晋时期，中书省被称为“凤凰池”。唐代，宰相称同中书门下平章事，故多以“凤凰池”指宰相职位。

译文

一旦登上进士榜，十年以后就可以做宰相。

处世智慧

这句话表达了通过努力和奋斗，最终实现个人抱负和成就的过程。

整句谚语表达的是，通过一次成功的科举考试，士人便能跻身仕途，经过不懈的努力，最终还能到达权力的巅峰。

唐代诗人孟郊的《登科后》中有“春风得意马蹄疾，一日看尽长安花”之句，与“一举首登龙虎榜”的意境颇为相似，都描绘了士人金榜题名后的喜悦与自豪。而“十年磨一剑，霜刃未曾试”等名句，则与“十年身到凤凰池”相呼应，强调了成功背后所付出的艰辛与努力。

一五三 十载寒窗无人问

十载寒窗[①]无人问，一举成名天下知。

注释

①寒窗：冬日寒冷的窗前，比喻艰苦的学习环境。

译文

在十年的寒窗苦读中，没有人来问候关心；一旦科考及第成名，全天下的人都会知道。

处世智慧

这句话意在激励世人勤学苦读。

“十载寒窗无人问”，强调了持之以恒和默默耕耘的重要性。这里的“十年”并非确指，而是用以形容长时间的努力和坚持。在这个过程中，士人或学者可能面临各种困难和挑战，但他们坚守初心，不为外界所动，持续不断地学习和提升自己。

“一举成名天下知”，则突出了成功后的巨大变化和广泛影响。这里的“一举成名”，意味着通过一次重要的机会或事件，如科举考试中举，士人或学者的才华和努力得到了广泛的认可和赞誉，他们的名字和成就传遍天下。

这句谚语告诉我们，成功往往不是一蹴而就的，而是需要长时间的积累和努力。它也告诉我们，在追求目标的过程中，往往需要经历长时间的孤独，但只要我们坚持不懈，最终定能获得广泛的认可和赞誉。

一五四 酒债寻常行处有

酒债寻常[1]行处有，人生七十古来稀。

注释

①寻常：寻、常，皆古代长度单位。此处作“平常”之意。

译文

到处都欠酒债是很平常的事情，但自古以来能活到七十岁的却不多。

处世智慧

这句话感慨了人寿命的有限和能活到高龄的不易。

这是唐代诗人杜甫在《曲江二首》中的名句。“酒债寻常行处有”，反映了诗人不畏世俗、随性而为的生活态度。

“人生七十古来稀”，则是对人生、寿命的深刻感慨。在古代，能活到七十岁的人确实寥寥无几。这提醒我们要珍惜生命，认识到人生的短暂和宝贵。

结合李白的“人生得意须尽欢，莫使金樽空对月”，我们可以更全面地理解这种处世智慧。它告诉我们，在有限的人生里，我们应该尽情享受生活的美好，追求内心的满足和快乐。同时，也要珍惜时光，不虚度光阴，让生命的每一刻都充实饱满。

一五五 养儿防老

养儿防老，积谷①防饥。

注释

①谷：粟的别称，代指粮食。

译文

养育儿子是为了防备老无所依，积存粮食是为了防备饥荒岁月。

处世智慧

这句话体现了古代人们对生活的远见和筹划。

“养儿防老”，反映了古代社会对于家庭养老的重视。在古代，由于社会保障体系的不完善，人们普遍依赖子女来养老。《孝经》等古代典籍都强调了子女对父母的赡养责任。人们通过养育子女来为自己的晚年生活提供保障，这是一种深远的生活筹划。

“积谷防饥”，则体现了古代人们对于粮食储备的重视。在古代，由于农业生产的不稳定性，粮食短缺是常见的问题。因此，人们通过积存粮食来防备饥荒，这是一种明智的生活策略。这一智慧在《农政全书》等古代农书中得到了充分阐述。

这句谚语告诉我们，在生活中要有远见和筹划，为未来的不确定性做好准备。

一五六 鸡豚狗彘之畜

鸡豚[1]狗彘[2]之畜，无失其时，数口之家，可以无饥矣。

注释

①豚：小猪，亦泛指猪。②彘（zhì）：古代指野猪，或泛指一般的猪。

译文

饲养鸡、猪、狗等家畜时，不要错过它们繁殖的最佳时机，这样即使是一个有几口人的家庭，也不会挨饿。

处世智慧

这句话出自《孟子·梁惠王上》，它强调在养殖家畜时，需把握繁殖的最佳时机，以确保家庭食物的稳定供应，进而避免饥荒。

这一理念映射到日常生活中，即做事要有前瞻性和规划性。正如古人所言，“凡事预则立，不预则废”，无论是对个人生活的管理，还是对家庭、事业的规划，都应未雨绸缪，做好充足的准备。在资源充足时，不忘储备以防不时之需；在机会来临时，及时把握以促发展。

一五七 常将有日思无日

常将有日思无日，莫把无时当有时。

译文

在拥有的时候要经常想到没有时的节俭，不要在没有的时候还像拥有时那么铺张。

处世智慧

这句话讲的是“居安思危”。

人们在生活富足时，应时常想到将来可能面临的困境，不可因一时的安逸而忘却未来的不确定。这与《论语》中的“人无远虑，必有近忧”相呼应，都强调了前瞻性和忧患意识的重要性。

“莫把无时当有时”，则是告诫人们要实事求是，不可过度消费。在资源匮乏时，更应珍惜每一份所得，不可铺张浪费。这种理智与自律，是维持生活稳定与持续发展的重要基石。这句古训教导我们要有远见、懂节制，以稳健的态度面对生活的起伏变化。

一五八 时来风送滕王阁

时来风送滕王阁①，运去雷轰荐福碑②。

注释

①滕王阁：位于江西南昌，与湖北武汉的黄鹤楼、湖南岳阳的岳阳楼并称江南三大名楼。②荐福碑：荐福寺坐落在江西鄱阳县城东湖东岸，始建于唐初或六朝时期。荐福碑立于荐福寺内，由李邕撰文，欧阳询书写，是书法和文化的瑰宝。

译文

时运来时，就像风送王勃到滕王阁一般顺利；时运不济时，就像书生要抄的荐福碑被雷劈一样倒霉。

处世智慧

这句话揭示了人生时运的无常。

这与古代名句“天时不如地利，地利不如人和”相呼应，都强调了顺应时势、把握机遇的重要性。在时运来时，我们应如王勃般挥洒才华，珍惜机遇；莫等到时运不济，像穷书生那样，眼看能到手的东西也会落空，令人哀叹。

一五九 入门休问荣枯事

入门休问荣枯事，观看容颜便得知。

译文

进门不必询问事情的兴衰成败，观察对方的容颜表情就能得知大概。

处世智慧

这句话讲的是要善于察言观色。

在与人交往或处理事务时，不必急于询问事情的成败，因为通过观察对方的容颜表情，往往就能洞察其内心的真实想法和情绪状态。

这一观点与《论语》中的“察言而观色，虑以下人”相呼应，都强调了观察他人的重要性。在历史上，许多智者都擅长此道，他们通过细微观察，能够准确判断他人的心境和意图，从而在处理人际关系时更加得心应手。

它提醒我们，在与人交往时，不仅要注重言语的交流，更要注重非言语信息的捕捉。因为很多时候，人们的真实情感和意图并不一定会通过言语直接表达，而是通过他们的神态、动作等细微之处透露出来。

一六〇 官清书吏瘦

官清书吏[1]瘦，神灵庙祝[2]肥。

注释

① 书吏：各官署吏员总称，在朝廷各机构者称部办。秉承主官意旨，承办公事，属雇员性质，这一职业往往父子师徒相传。

② 庙祝：寺庙中管香火的人。

译文

官员清廉的话，他的下属（书吏）就会清贫；而神庙里的神灵如果被认为很灵验，那么神庙里的庙祝（负责祭祀的人）就会因为人们的供奉而变得富足。

处世智慧

这句话揭示了社会现象的一些内在联系。

官员清正廉洁，秉持公道，杜绝一切贪腐行为，下属无从谋取私利，自然会“瘦”。相反，上级贪赃枉法，追名逐利，必定上行下效，沆瀣一气，下属自然会“肥”。

这就启迪我们，治理弊端的时候，不能“头疼医头，脚疼医脚”，而是要追根溯源，才能从根本上解决问题。

一六一　息却雷霆之怒

息却雷霆之怒[①]，罢却虎狼之威。

注释

① 雷霆之怒：形容愤怒到了极点。

译文

平息如同雷霆一般的怒火，收敛如同虎狼一般的威风。

处世智慧

它告诫我们，在面对冲突时，应该像平息雷霆之怒、收敛虎狼之威一样，控制住自己的情绪。

这与古代名句“忍一时风平浪静，退一步海阔天空”相呼应，都强调了忍让和宽容的重要性。在历史上，许多智者都懂得在关键时刻收敛自己的锋芒，以避免不必要的冲突和损失。他们明白，真正的力量不在于外在的张扬和威猛，而在于内心的平和与坚忍。

一六二 饶人算之本

饶人算之本，输人算之机。

译文

宽恕别人是处事成功的根本，承认不如别人是处事成功的关键。

处世智慧

这句话告诉我们，在处理人际关系时，宽恕他人与在适当的时候向他人认输都是一种处事的智慧。

“饶人算之本”这一观点，与古代名句“宽则得众，恕则得人”相呼应，都强调了宽恕在人际交往中的重要性。“输人算之机”也体现了古代兵法中的“知难而退”策略。在竞争中，如果明知不敌，适时认输并寻求合作，往往能够避免更大的损失，甚至可以转败为胜。

这句话启发我们，要学会宽恕他人，以赢得人心；同时，也要懂得在适当的时候认输，以保存实力，从而寻求更好的机会。

一六三 好言难得

好言难得，恶语易施。

译文

善意、中听的话难以听到，而恶意、伤人的话却容易说出。

处世智慧

这句话与“良言一句三冬暖，恶语伤人六月寒”相呼应，都强调了言语的力量和影响。在三国时期，关羽因其英勇善战而名扬天下。东吴孙权为了巩固孙刘联盟，曾向关羽提亲，希望迎娶关羽的女儿。然而，关羽却傲慢地回应：“吾女乃虎女也，岂能嫁给孙权的犬子？”这不仅侮辱了孙权，也严重破坏了孙刘两家的关系。

这句话提醒我们，在处世过程中，要学会珍惜和善用善意的话语，因为它们能够带来积极的影响和改变。同时，我们也要提醒自己不要轻易口出恶言，因为它们会给他人带来伤害。

一六四 一言既出

一言既出，驷马[①]难追。

注释

①驷马：指同驾一车的四匹马。

译文

说出口的话，四匹马拉的车都追不回来。

处世智慧

这句话意在叫人说话要谨慎，并信守承诺。

言语一旦出口，就像脱缰的野马，难以追回，因此我们在说话之前必须深思熟虑。这句话与《道德经》中的“慎言如始”相呼应，都强调了言语的慎重。

这句话提醒我们，在处世过程中，要学会控制自己的言语，不要轻易发表冲动的言论，更不要随意作出承诺。因为冲动下说出的话很可能产生无法预料的后果，而承诺一旦作出，就必须承担相应的责任。

一六五 道吾好者是吾贼

道吾好者是吾贼，道吾恶者是吾师。

译文

说我好的人是我的敌人，指出我缺点的人是我的老师。

处世智慧

这句话强调了在人际交往中，我们应该正确对待他人的赞美与批评。

邹忌，战国时齐国大臣，容貌俊秀。一日，他问妻子、小妾和客人，自己与城北的徐公相比谁更美，结果三人都说他比徐公美。后来，徐公来访，邹忌通过对比，意识到自己远远不如徐公英俊。他由此醒悟，妻子、小妾和客人的赞美都出于各自的目的，并非真心之言。邹忌以此事劝谏齐威王，齐威王听后广开言路，国家因此日益兴旺。

在人际交往中，那些一味赞美、恭维我们的人，他们的赞美可能掩盖了我们的缺点，使我们迷失方向；而那些敢于指出我们缺点、错误的人，虽然言语可能刺耳，却可能是我们成长道路上的良师。

这一观点与“良药苦口利于病，忠言逆耳利于行”相呼应。忠言往往逆耳，但却能帮助我们改正错误，提升自我。

一六六 路逢险处须当避

路逢险处须当避，不是才人莫献诗。

译文

路上遇到危险的地方应当避开，不向没有才华的人献诗。

处世智慧

这句话看似保守，实则深藏智慧。

生活恰似一场充满未知的漫长征途，途中可能有各种风险。当遭遇险境时，明智地选择适时避让，并不是懦弱，而是一种自我保护的策略，避免在困境中过多损耗。

同时，我们应静下心来沉淀自己，待到厚积薄发之时，再抓住良好的机遇，借助适宜的环境，去迎接挑战、展现才华。只有这样，才能在人生之路上行稳致远。

一六七 三人同行

三人同行，必有我师焉。择其善者而从之，其不善者而改之。

译文

几个人一同行走，其中必定有值得我学习的老师。我选择他们好的方面去学习，看到他们不好的方面就反思并改正。

处世智慧

这两句话表达了向他人学习、不断自我提升的智慧，强调了我们都能从任何人身上找到值得学习或反思的地方。

它与《论语》中的“见贤思齐焉，见不贤而内自省也”相呼应。在人际交往中，无论与谁同行，都能从中找到学习的机会。对于他人的优点和长处，我们应该积极学习，努力提升自己。同时，对于他人的不足，我们也应该认真反思，看看自己是否存在同样的问题，并及时改正。

《史记》中的许多人物也展示了这种智慧，如孔子向老子请教、张良师从黄石公等，都是通过学习他人的长处来提升自己的典范。

因此，这句话教导我们要保持一颗谦逊和学习的心，善于从他人身上汲取智慧和营养，不断提升自己，实现自我成长和进步。这是一种既实用又深刻的处世智慧。

一六八 少壮不努力

少壮①不努力，老来徒伤悲。

注释

①少壮：年轻的时候。

译文

年少时不努力学习，到老了只剩下悲伤。

处世智慧

这句话鼓励人们珍惜年轻时的时光，努力学习，以免将来后悔。

这句话与古代名句“黑发不知勤学早，白首方悔读书迟”相呼应。它告诫我们，年少时期是学习的黄金阶段，如果在这个阶段不努力学习，积累知识和技能，那么到了老年，就可能会因为自己的无知和无能而感到悲伤和悔恨。

《论语》中孔子就多次强调学习的重要性，认为学习是人生的首要任务。而《史记》中那些年少时勤奋学习的人，往往能够在老年时取得辉煌的成就，而那些荒废学业、虚度光阴的人，则常常在人生末年陷入困境，空留余恨。

一六九 人有善愿

人有善愿，天必佑之。

译文

人如果有善良的愿望，上天一定会保佑他。

处世智慧

这句话旨在劝人向善。

它与《道德经》中的“天道无亲，常与善人”相呼应。它传达了一个核心理念：人们的善良愿望和行为，终将得到上天的眷顾和保佑。

《周易》中“积善之家，必有余庆”，意思是长期积德行善的家庭，一定会给后代留下福泽。《尚书》也提到“皇天无亲，惟德是辅”，表明上天公正无私，只会辅佐那些有德行的人。

这启发我们，在人际交往和社会生活中，我们应该秉持善良、正直和仁爱的原则，积极行善积德。因为我们的善行不仅能够帮助他人、造福社会，还能够赢得上天的眷顾和保佑，为自己和家庭带来福泽和好运。

一七〇 莫吃卯时酒

莫吃卯时[1]酒，昏昏醉到酉[2]。莫骂酉时妻，一夜受孤凄。

注释

①卯时：十二时辰之一，对应现代时间的5时至7时，又名日始、破晓，指太阳刚刚露脸，冉冉初升的那段时间，为古时官署开始办公的时间，故又称点卯。②酉：酉时，相当于现在的17时至19时，这里指晚上，夜晚。

译文

不要在早晨饮酒，否则你会昏昏沉沉一直醉到晚上。不要在晚上责骂妻子，否则你会一整夜都感到孤独和凄凉。

处世智慧

这两句话强调了生活习惯和情绪管理，旨在劝人维护自身健康和家庭和谐。

“莫吃卯时酒”与“饮食有节，起居有常”相呼应。在早晨（卯时）饮酒，以致晚上（酉时）仍然处于醉酒状态，这不仅是对身体健康的不负责，也体现了对时间管理的忽视。古代典籍如《黄帝内经》强调饮食有节，意指饮食应定时定量，不可放纵。饮酒亦应如此，过量则伤身，无序则乱心。

而“莫骂酉时妻”则体现了家庭和睦的重要性。酉时，黑夜来临，家应成为避风港湾，而非争执之地。《礼记》里说“父子笃，兄弟睦，夫妇和，家之肥也”，便是强调家庭和谐的重要性。骂妻不仅伤害感情，也破坏家庭氛围，导致“一夜受孤凄”。

这句话启示我们，生活中饮食应有规律，言行应有节制。同时，也强调了家庭和睦的重要性，提醒我们在日常生活中要珍惜与家人相处的时光，以和为贵，避免无谓的争执和冲突。

一七一 种麻得麻

种麻得麻，种豆得豆。

译文

种下麻的种子就会收获麻，种下豆的种子就会收获豆。

处世智慧

这句话强调了因果关系，与谚语“一分耕耘，一分收获”相呼应。它告诉我们，付出与收获是成正比的，就如同播种一样，种下什么就会收获什么。

《周易》中就有“积善之家，必有余庆”之说，意思是长期积德行善的家庭，一定会给后代留下福泽。这同样体现了付出与收获的因果关系，只是这里的付出是善行，而收获的是福泽。

在人际交往和社会生活中，我们应该秉持善念，多做好事，种下善的种子，这样我们才能有好的善果。那些做恶事的人，种下恶的种子，最终只会收获恶果，受到惩罚。

一七二 天网恢恢，疏而不漏

天网[①]恢恢[②]，疏而不漏。

注释

① 天网：指天道的力量。

② 恢恢：广大无边的样子。

译文

天道的网广大无边，虽然稀疏，但却没有任何东西能够逃脱它的笼罩。

处世智慧

这句话表达了天道公正、严密，最终将一切事物都囊括其中，无所遗漏。

“天网”象征着天道、天理或自然法则，它虽然看似稀疏，但实际上却涵盖了世间万物，没有任何事物能够逃脱其笼罩。这句话传达了一种深刻的哲学思想，即天道是公正无私的，它不会遗漏任何罪恶，也不会冤枉任何无辜。无论人们的行为多么隐蔽，最终都将受到天道的审判。

因此，它也提醒我们，在人际交往和社会生活中，应该秉持公正的原则，不做违法乱纪之事。因为天道是公正无私的，我们的行为最终都将受到应有的评判。

一七三 见官莫向前

见官莫向前，做客莫在后。

译文

见到官员时不要过于向前（急于接近或热情过头），去做客时不要过于向后（过于拘谨或退缩）。

处世智慧

这句话强调了社交中的适度原则。

它与“礼之用，和为贵”相呼应，提示我们在不同的社交场合中，有不同的社交方式。见到官员不可过于热情冒昧，免得惹上是非；去做客时不可过于拘谨退缩，免得主人为难。这一智慧在历史典籍中也有体现。比如《礼记》中详细描述了古代社交礼仪的规范，强调了人与人之间的和谐与尊重。而“见官莫向前，做客莫在后”正是对这种和谐与尊重的具体体现，它要求我们在社交中既要表现出热情，又要保持适度的距离，以免给对方造成不适或压力。

在人际交往中，我们应该注重礼仪和分寸，既要表现出自己的热情和诚意，又要尊重对方的感受和立场。

一七四 宁添一斗

宁添一斗[1]，莫添一口。

注释

① 斗：斗的本义是一种盛酒的器具，又用作计量粮食的工具，后来才引申为容量单位，这里指一斗粮。

译文

宁愿多添一斗粮食，也不要多添一张嘴。

处世智慧

这句话体现了古代社会的一些现实考虑和价值观念。

“一斗”象征着额外的物质资源，而“一口”则代表新增的家庭成员或负担。“量入为出，适可而止”说的也是这个道理，它告诫我们在资源有限的情况下，要审慎考虑增加家庭负担或人口的问题。

在资源并不充裕的情况下，保证现有家庭成员的生活质量和稳定性是至关重要的。增加物质资源，如“一斗”，可能只是生活水平的略微提升或储备的增厚，这通常是可以管理和控制的。然而，一旦“添一口”，即增加家庭成员，所带来的不仅仅是生活费用的增加，更可能涉及情感、精力、时间等多方面的投入，这是一个更为复杂且长远的考量。

因此它告诉我们，在做决策时，应当全面统筹，权衡利弊，确保我们的选择既符合当前的实际情况，又有利于家庭的长期稳定发展。这是一种理智且负责任的生活态度，体现了对家庭未来的深思熟虑。

一七五 螳螂捕蝉

螳螂捕蝉，岂知黄雀在后。

译文

螳螂只顾捕捉眼前的蝉，却不知道黄雀就在它的后面。

处世智慧

这句话提醒我们要有全局意识，做事需思虑周全。

据《说苑》记载，春秋时期，吴王欲攻打楚国，并扬言谁敢劝阻便处死谁。一位年轻侍从欲劝吴王却不敢直言，便一连三天早晨手持弹弓在后花园徘徊。吴王询问原因，侍从便以园中蝉、螳螂、黄雀三者只顾眼前利益而忽视身后隐患的情景作比，暗示吴王攻打楚国可能面临的危险。吴王听后恍然大悟，遂取消了攻打楚国的计划。

事实证明，在复杂的政治斗争中，只谋求眼前小利往往会导致更大的损失。它与“明察秋毫，不见舆薪”相呼应，都强调了观察事物要全面、细致，不可只看重眼前利益而忽视潜在风险。

这也启发我们，在做决策时一定要全面考虑，既要看到眼前的利益，也要预见到可能的风险和后果。

一七六 不求金玉重重贵

不求金玉重重贵，但愿儿孙个个贤。

译文

不求家里有很多贵重的金银财宝，只愿我的子孙后代每一个都能成为有德行、有才能的人。

处世智慧

这句话强调了留给子孙最好的财富不是金银财宝，而是贤德和才华。

《颜氏家训》中就明确指出，“积财千万，无过读书”，留给子孙最好的遗产不是物质财富，而是良好的家风和家教。因为金银财宝虽能一时满足物质需求，却无法长久保障家族的兴旺发达；而贤德和才华，则是子孙立身之本，能够助力他们在社会中立足并取得成功。

作为家长，我们应该更加注重对子孙品德和才华的培养，而不是过分追求物质财富的积累。因为人才是真正的财富，是家族繁荣的根本。

一七七 一日夫妻

一日夫妻，百世姻缘。百世修来同船渡，千世修来共枕眠。

译文

做一天的夫妻，也是累积了百世的姻缘。累积了百世的修行才能换来同船共渡，累积了千世的修行才能换来同床共枕。

处世智慧

这两句话寄托了世人对婚姻至深的敬畏与珍视。

茫茫人海，两人从相识、相知到结为夫妻，是历经无数偶然与必然的缘分交织。哪怕只做了短短几年夫妻，这缘分也来之不易，值得用一生去铭记。

《后汉书·宋弘传》中说：“贫贱之知不可忘，糟糠之妻不下堂。”婚姻不是短暂的浪漫，而是长久的陪伴与责任。它是在柴米油盐中相互扶持，是在各种困境中不离不弃的坚守。珍惜这份情缘，用心经营，方能让平凡的日子散发出幸福的光芒。

一七八 杀人一万

杀人一万，自损三千。

译文

消灭了一万个敌人，自己也会损失三千的兵力。

处世智慧

这句话提醒人们在追求目标时，要权衡利弊，考虑可能导致的两败俱伤。

它与古代名句“伤敌一千，自损八百”相呼应，都揭示了战争或冲突中的残酷现实：即使取得胜利，也会付出不小的代价。

《孙子兵法》云：“兵者，国之大事，死生之地，存亡之道，不可不察也。”孙武明确指出，战争是国之大事，必须谨慎对待，因为战争带来的损耗是巨大的，不仅关乎人力、物力，还关乎国家的长远发展和民众的生活福祉。

这启发我们在处理人际关系或面对冲突时，应该更加注重用平和理性的方式，尽量避免采取激烈或极端的手段。因为即使我们能够在冲突中取得一时的胜利，也可能会付出沉重的代价，甚至影响到我们的长远发展和整体利益。

一七九 伤人一语

伤人一语，利如刀割。

译文

一句伤害人的话，就像锋利的刀割人一样。

处世智慧

这句话强调了言辞在人际交往中的重要性，提醒人们在交流中要注意言辞，不要恶语伤人。

《论语》中，孔子就多次提到“君子欲讷于言而敏于行”，意思是君子说话要谨慎，但行动要敏捷。这体现了古代智者对于言辞和行动的审慎态度。

在与人交往中，我们更应该注重言辞的选择和使用。“良言一句三冬暖，恶语伤人六月寒。”一句不经意的话，可能会给他人带来深深的伤害，甚至影响彼此的关系。而一句温暖的话语，却能在寒冷的冬日给人带来温暖。因此，我们应该学会用善意、温暖的语言去对待他人，避免使用恶语或伤人的言辞。这样的处世智慧，不仅能够帮助我们更好地与他人相处，也能够提升我们自身的修养和品德。

一八〇 枯木逢春犹再发

枯木逢春犹再发[①]，人无两度再少年。

注释

① 发：发芽。

译文

枯萎的树木到了春天还能再次发芽生长，但人却不可能有两次少年时光。

处世智慧

这句话强调了青春时光的宝贵和不可重复性，提醒人们要珍惜年轻时的每一刻。

《庄子》中就有“人生天地之间，若白驹之过郤，忽然而已”的表述，形象地描绘了人生的短暂。通过“枯木逢春犹再发”与“人无两度再少年”的对比，即以自然界的枯木在春天能重新发芽生长来对比人生的无法回头，进一步强调了青春的宝贵。

颜之推、陶渊明等强调“盛年不重来，一日难再晨”，旨在提醒我们，要活在当下，把握好生命的每一段时光，努力追求自己的梦想和目标，不要等到时光流逝后才后悔莫及。

一八一 未晚先投宿

未晚先投宿，鸡鸣早看天。

译文

天还没黑就提前找地方住宿，鸡叫的时候就早起观察天气。

处世智慧

这句话传达了一种未雨绸缪的生活态度，提醒人们做事要提前准备。

《论语》中就有“父母在，不远游，游必有方”的表述，这句话除了表达孝敬父母的意思外，也体现了提前规划、有备无患的智慧。而“未晚先投宿，鸡鸣早看天”则是以具体的行动为例，教导人们要在事情尚未紧迫时就提前做好准备。

一八二 将相顶头堪走马

将相顶头堪[①]走马，公侯肚里好撑船。

注释

① 堪：能够。

译文

将相的头顶宽广得足以让马儿奔跑，公侯的胸怀博大得能够容纳船只航行。

处世智慧

这句话强调了宽广胸怀和包容心态的重要性。

据记载，宋朝宰相王安石中年丧妻后，续娶了一个年轻貌美的妾室姣娘。然而，由于王安石忙于政务，经常不回家，姣娘便与府中的年轻仆人私下偷情。王安石得知此事后，并未立即发作，展现出了极大的宽容，不仅没有追究，反而赠予姣娘白银千两，让她与仆人远离家乡生活。

“宰相肚里能撑船”，正是对王安石宽广胸怀和包容心态的生动写照。心胸宽广之人，才能成大器。在面对个人情感的背叛和家庭的耻辱时，王安石没有选择愤怒和报复，而是用宽容化解了矛盾。

一八三 富人思来年

富人思来年，贫人思眼前。

译文

富人考虑的是未来的事情，而穷人则只考虑眼前的问题。

处世智慧

这句话深刻揭示了富人与穷人在思维方式和生活态度上的差异。

富人之所以富有，往往是因为他们具备长远的眼光，能够预见未来的发展趋势，从而做出明智的规划。他们不仅关注当前的利益，更注重未来的长远发展，因此能够在竞争中保持领先地位。

相比之下，穷人往往因为生活所迫，只能关注眼前的生计和问题，缺乏长远规划和战略思考。这种思维方式的差异导致了富人与穷人在财富积累和生活质量上的巨大差距。

一八四 世上若要人情好

世上若要人情好，赊[①]去物件莫取钱。

注释

① 赊：赊欠。

译文

如果想要在世上维持良好的人际关系，就把东西赊给别人而不要收钱。

处世智慧

这句话传达了一种通过慷慨行为来增进人际关系的处世哲学。《菜根谭》中就提到："处世让一步为高，退步即进步的张本；待人宽一分是福，利人实利己的根基。"这句话教导我们在与人相处时，要学会谦让和宽容。给予他人便利和好处，实际上也是在为自己积累福气和人缘。通过给予他人帮助和好处，我们可以赢得他们的感激和信任，从而建立起更加紧密和持久的人际关系。

一八五 死生有命

死生有命，富贵在天。

译文

人的生死是由命运决定的，而富贵则是由上天来安排的。

处世智慧

这句话是一种宿命论观点，这种观点是错误的。《史记》中记载的许多英雄人物，他们明知自己的命运可能不可改变，但仍然选择积极地去奋斗和拼搏，用自己的行动去诠释"知其不可而为之"的精神。汉高祖刘邦出身贫寒，年轻时游手好闲，不事生产。然而，他并不甘于命运的安排，在秦末乱世中斩白蛇起义，最终击败项羽，建立了汉朝，成为一代开国皇帝。陈胜和吴广本是秦朝末年的普通农民，被征发戍守渔阳。面对即将因误期被斩首的命运，他们揭竿而起反抗秦朝暴政。陈胜那句"王侯将相宁有种乎"的呐喊，响彻云霄，激励了无数不甘于命运压迫的人们。

这启示我们，应该积极地去面对生活，去努力追求自己的梦想和目标，用自己的行动去影响和改变命运。

一八六 击石原有火

击石原有火，不击乃无烟。人学始知道，不学亦徒然[1]。

注释

① 徒然：枉然，白白地。

译文

敲击石头就能产生火花，如果不敲击就不会有烟产生。人们通过学习才能开始明白道理，如果不学习，那么很多道理都不明白。

处世智慧

这两句话强调学习对于个人成长和处世智慧的提升至关重要。

通过学习，我们可以明辨是非、洞察秋毫，在处世中更加游刃有余。反之，如果不学习，我们就会不明事理，也就无法适应社会的变化，最终可能一事无成。

孔子一生致力于学习和传授知识，强调“学而优则仕”，认为通过学习可以培养品德、增长才干，进而更好地服务社会。孔子的思想影响了后世无数人，使世人明白只有不断学习，才能在复杂多变的社会中立足。

在生活和工作中，学习是不可或缺的。它不仅是获取知识的途径，更是提升自我、完善人格的重要手段。

一八七 莫笑他人老

莫笑他人老，终须还到老。

译文

不要嘲笑别人的衰老，因为最终自己也会老去。

处世智慧

这句话提醒人们要尊重老人。

《论语》中就有“老者安之，朋友信之，少者怀之”的教导，告诉我们要对老年人给予安顿和尊重。这种尊重不仅是对他们过去经历的认可，也是对未来自己老去的预见和理解。每个人都会经历从年轻到老年的过程，这是生命的必然规律。如果我们今天嘲笑他人的老去，那么当我们自己老去时，又怎能期望得到他人的尊重和理解呢？

因此，这句话教导我们在处世中要有同理心，要能够设身处地地理解老人的感受和处境。只有这样，我们才能和老人们建立起融洽的关系。同时，这也是一种对生命的敬畏和尊重，是对人生旅程的深刻理解和感悟。

一八八 但能依本分

但能依本分，终须无烦恼。

译文

只要能够安于本分去做事，最终就不会有太多烦恼。

处世智慧

这句话与《论语》中的“不在其位，不谋其政”相呼应，都强调了恪守本分、不越界的重要性。

周公旦在成王年幼时，毅然担起摄政重任，稳定周朝政局，展现了对国家和家族的高度责任感。他一生鞠躬尽瘁，忠心耿耿，即便面对流言蜚语也未曾退缩，最终为周朝的繁荣奠定了坚实基础。等到小成王长大，周公将权力及时奉还。

史上许多贤臣良将，他们之所以能够在复杂的政治环境中保全自身，往往是因为他们始终恪守本分，不贪心、不越权。这种处世态度不仅让他们避免了无谓的纷争，也让他们赢得了后世的赞誉。

这也启发我们，在处世中，应该清楚自己的位置和角色。如果不去做超出自己职责范围的事情，就能避免许多不必要的困扰，让自己的生活得以保持安宁。

一八九 君子爱财

君子爱财，取之有道[1]。贞妇爱色，纳之以礼。

注释

① 道：方法，途径。

译文

君子喜爱财富，但会通过正当的途径来获取。贞妇也爱美貌，但会以合乎礼义的方式来追求。

处世智慧

这两句话强调人们在追求自己的喜好和欲望时，应该遵循一定的道德规范和礼仪。

“君子爱财，取之有道”意思是君子虽然喜爱财富，但他们会通过正当的途径和方法来获取，而不是通过不正当的手段去掠夺或欺骗。这强调了道德和正义在追求财富过程中的重要性，体现了君子对道德的坚守和对自我的约束。

“贞妇爱色，纳之以礼”则表达了人在追求美好事物时也应遵循道德规范。

一九〇 善有善报

善有善报，恶有恶报。不是不报，日子未到。

译文

做好事会有好的回报，做坏事会有坏的报应；不是不报应，只是报应的时间还没到。

处世智慧

这两句话强调了善恶有报的思想。

在历史典籍中，这种思想多次被论证。比如在《史记》记载的许多人物故事中，无论是忠臣义士还是奸佞之徒，他们的行为最终都得到了相应的回报或惩罚。这种报应可能不是立即显现，但随着时间的推移，善恶终将分明。

这句话教导我们在处世中，要做好事、积善德，善的行为最终会得到好的回报。同时，也要警惕自己的行为，不要做出恶行，因为恶行终将受到惩罚，只是有时候这种惩罚会延迟。

此外，这句话也提醒我们要有耐心和信心，不要因为一时的得失而动摇自己的信念。在追求目标和实现价值的过程中，可能会遇到挫折和困难，但只要坚守正道，坚持善行，最终一定会收获善果。

一九一 人而无信

人而无信，不知其可也。

译文

一个人如果失去了诚信，真不知道他还能做些什么。

处世智慧

这句话强调了诚信对于一个人的重要性。

诚信一直被视为重要的道德准则，是人与人交往的基础。“言必信，行必果”“诚者，天之道也”等，都表达了诚信的重要性。纵观历史，我们也可以看到许多关于诚信的故事。比如《史记》中记载的商鞅立木为信的故事，就展示了诚信在治国理政中的重要作用。

这句话教导我们在处世中，要坚守诚信的原则。一个人如果失去了诚信，就会失去他人的信任和尊重，难以在社会中立足。

一九二 一人道好

一人道[1]好，千人传实。

注释

① 道：说。

译文

一个人说某件事好，经过上千人相传就被认为它是真实的。

处世智慧

这句话深刻地揭示了口碑和传言在社会中的巨大影响力。

它与《战国策》中的“三人成虎”故事相呼应，都强调了信息在传播过程中可能被放大或扭曲的现象。

在古代社会，信息传播渠道相对有限，人们的认知往往依赖于口碑和传言。因此，“一人道好，千人传实”的现象尤为突出。一个人对某件事的好评，可能迅速在社群中传播，并形成共识，即使这个评价并非完全客观。

这句话教导我们在处世中，要认识到口碑和传言的力量，既要善于利用它们来传播正面信息，也要警惕它们可能带来的误导。在面对传言或他人评价时，我们应保持理性，审慎判断，不轻易被舆论左右。

一九三 凡事要好

凡事要好，须问三老[1]。

注释

① 三老：古代官职名，指掌管教化的乡官。战国魏、齐、秦有三老，秦置乡三老，汉增置县三老，东汉以后又有郡三老，并间置国三老。这里泛指有德行、有声望的老人。

译文

想要把事情做好，必须多向有经验的老人请教。

处世智慧

这句话强调了在做事情时，向有经验的人请教的重要性，体现了尊重前辈、注重实践经验的传统智慧。

这里的“三老”并非确指三位老人，而是泛指有经验、有智慧的长者或前辈。与“不听老人言，吃亏在眼前”相呼应，都在强调遇事多请教有经验的人。

在古代军事战争中，将领们在制定战略战术时，常常会咨询经验丰富的老将或智者。例如，三国时期的诸葛亮，在六出祁山、北伐中原的过程中，多次向老将魏延、姜维等人请教，以制订出更加周全的作战计划。这种“问三老”的做法，确保了决策的稳健性和可行性，体现了对前人经验和智慧的尊重。

无论是在工作、学习中还是在生活中，我们总会遇到各种各样的问题。而这些问题，往往已经有人经历过并找到了解决方法。因此，向这些有经验的人请教，可以帮助我们更快地找到问题的症结所在，并学会如何有效地解决问题。

一九四　若争小可

若争小可，便失大道。

译文

如果总是斤斤计较一些小事，那么就会失去更重要的原则或目标。

处世智慧

这句话强调了在处理事情时要有大局观，不要过于纠结细枝末节，以免因小失大。

从字面意思上看，“小可”指的是小事、小利益；“大道”则代表大局、大原则或更高层次的目标。这句话告诫我们，在面对选择或冲突时，要有全局观念，不要因小失大。

老子曾言：“上士闻道，勤而行之；中士闻道，若存若亡；下士闻道，大笑之。不笑不足以为道。”这句话虽未直接提及“小可”与“大道”，但其所表达的对于“道”的理解和追求，与“若争小可，便失大道”有着异曲同工之妙。它告诉我们，真正有智慧的人，会追求并践行大道，而不是被眼前事所迷惑。

一九五 年年防饥

年年防饥，夜夜防盗。

译文

每年都要防备饥饿，每晚都要防备盗窃。

处世智慧

这句话强调在生活中要时刻保持警惕，预防可能出现的困难和危险，体现了居安思危的智慧。

在古代社会，由于生产力水平低下和社会治安状况的不稳定，人们面临着饥荒和盗窃的双重威胁。为了应对这些威胁，人们采取了各种措施来保障生活安全。例如，从宋朝开始设立的社仓、义仓等仓储设施，就是为了在灾荒年份救济灾民、稳定社会。这些仓储多是官督民办性质，由政府倡导和监督，具体运作和管理由民间人士负责，确保了粮食的有效储存和合理分配。

在防盗方面，古人也采取了多种措施。除了加强门锁、设置陷阱等物理防范手段外，人们还注重邻里守望相助、共同维护社区安全。在一些地方，还出现了打更这种群防群治的方式。通过组织巡逻队不定时地在街道上巡逻盘查可疑人员，有效地震慑了盗贼的犯罪行为。

这些智慧不仅适用于古代社会，对于现代人来说，也具有重要的指导意义。在快速发展的现代社会中，我们同样需要保持警惕性，做好各种预防工作，以应对可能出现的各种危机。

一九六 学者如禾如稻

学者如禾如稻，不学者如蒿[1]如草。

注释

① 蒿：青蒿，草名。

译文

爱学习的人就像禾苗和稻谷，不爱学习的人就像杂草。

处世智慧

这句话强调了持续学习和不断进步的必要性。

在古代社会，农耕是生活的基础，禾苗是精心培育的作物，禾苗经过持续的成长，最终长成有价值的稻谷。稻谷象征着通过学习和努力获得的知识与成就。相反，蒿草和杂草则是未经耕作、自然生长的野草，毫无价值，它们代表着忽视学习和自我提升的状态。

通过这句话，我们可以领悟到，学习是提升自我、实现个人价值的关键。就像禾苗需要阳光、雨露和耕作才能茁壮成长，人也需要不断学习、积累知识和经验，才能在社会中立足并取得成功。而那些不愿学习、停滞不前的人，就像蒿草和杂草一样，难以被社会所重视，也难以发挥自身的潜力。

一九七 遇饮酒时须饮酒

遇饮酒时须饮酒，得高歌处且高歌。

译文

遇到适合饮酒的时候，就应当饮酒；到了可以高歌的地方，就尽情高歌。

处世智慧

这句话传达了一种随遇而安、及时行乐的处世智慧。

它与古代名句“人生得意须尽欢，莫使金樽空对月”相呼应，都强调了活在当下、享受当下的重要性。

在古代社会，人们的生活节奏相对较慢，更注重与自然和谐共处，享受生活的每一刻。这句话正是这种生活态度的体现，它告诉我们，在遇到适合饮酒的场合时，不妨放下烦琐的事务，与朋友共饮几杯，畅谈人生；在碰到可以高歌的地方，也不必拘谨，放声高歌，表达内心的喜悦与豪情。

这种处世智慧并不是倡导放纵或逃避现实，而是强调在忙碌的生活中，我们也要学会适时地放松自己，享受生活的美好。人生短暂，我们不应该被过多的束缚和担忧所困扰，而应该学会抓住每一个快乐的瞬间，让自己的生活更加丰富多彩。

一九八 因风吹火

因[①]风吹火，用力不多。

注释

① 因：凭借。

译文

顺着风势吹火，不需要用太大的力气就能让火势旺盛。

处世智慧

这句话表达了顺势而为、借助外力可以事半功倍的道理。

在做事时，若能顺势而为，借助外力，往往能以最小的努力取得最大的成效。这与“顺势者昌，逆势者亡”不谋而合，都强调了顺应时势、借势而为的重要性。

纵观历史，我们也能找到许多因势利导、顺势而为的智慧典范。比如《史记》中记载的韩信“背水一战”，他正是利用了士兵们身处绝境、求胜心切的心理，以及敌人轻视汉军的误判，顺势布置了奇兵，最终大获全胜。韩信的成功，很大程度上得益于他对时势的敏锐洞察和巧妙利用。

这启发我们，在竞争激烈的社会环境中，不仅要努力提升自己的能力，更要学会审时度势，抓住有利时机，借助外部力量来助力自己的发展。只有这样，我们才能在复杂多变的社会中游刃有余，以最小的代价实现最大的价值。

一九九 不因渔父引

不因渔父[①]引，怎得见波涛。

注释

① 渔父：渔翁。

译文

如果不是因为渔翁的指引，怎么能看到波涛汹涌的壮观景象呢？

处世智慧

这句话强调了行家引导的重要性。

它与古代名句“听君一席话，胜读十年书”相呼应，都强调了倾听他人意见、学习他人经验的宝贵价值。

《论语》中孔子对弟子们的教导，成就了一代又一代的儒家学者，传承了儒家思想。孔子的引导，如同渔父引路，让弟子们得以见识到学海的波澜壮阔，进而在人生道路上航行得更远。

海伦·凯勒，一位美国的聋哑盲女作家，她的成功极大地得益于莎莉文老师的巧妙引导。面对海伦失去了听力和视力的困境，莎莉文老师用盲文和手语与她交流，不仅教授知识，更注重引导她进行感官探索和自主学习。在莎莉文老师的悉心引导下，海伦学会了读写、说话，克服了重重困难，最终成为杰出的作家、教育家和社会活动家。

二〇〇 无求到处人情好

无求到处人情好，不饮从他酒价高。

译文

不求人，到处都会受到人们的欢迎；不喝酒，就不用担心酒价的高低。

处世智慧

这句话讲的是无所欲求的好处。

在生活中，如果我们万事不求人，就不会给他人造成负担，也就能更好地与人相处，感受到人间的温暖与善意；同时，如果我们不沉迷于酒，物欲低了，就不会被外界的诱惑所牵绊，也就能够保持内心的清明与高远。

这句话与“无欲则刚”相呼应，都强调了内心的淡泊与宁静对于处世的重要性。在物欲横流的社会中，我们应该学会保持内心的宁静与淡泊，不过分追求名利与物质享受，也就无所欲求，这样才能更好地与人相处，感受到生活的美好。

二〇一 知事少时烦恼少

知事少时烦恼少，识人多处是非多。

译文

知道的事情少，产生的烦恼就会相应减少；而认识的人多了，往往也会产生更多的纷争和是非。

处世智慧

这句话传达了一种减少无谓社交以避免纷扰的生活哲学。

正如《道德经》所言，“少则多，多则惑”，简单的生活往往能带来内心的宁静与满足；贪多反而迷惑。我们在面对纷繁复杂的世界时，应保持一种淡泊的心态。与“万事少求人，事多是非多”相呼应，它告诉我们，减少对外界事务的过度关注与介入，可以避免许多不必要的烦恼和纷争。

许多先贤都倡导“中庸之道”，即处事不偏不倚，避免过度。孔子曾说：“君子矜而不争，群而不党。”这意味着，在人际交往中，我们应保持适当的距离和分寸，不过度亲近也不过度疏远，以免因关系过密而卷入是非之中。

再者，这句话也提醒我们，过度的好奇心往往是烦恼的根源。知道得越多，想要控制的也就越多，一旦超出自己的能力范围，便会陷入焦虑与不安。因此，学会放下那些无关紧要的社交，专注于真正重要的事情，才是明智之举。

二〇二 入山不怕伤人虎

入山不怕伤人虎，只怕人情两面刀[①]。

注释

① 两面刀：比喻居心不良，人前一套，人后一套。

译文

我们不害怕山林里那些伤害人的猛虎；就怕人际关系中那些表面一套背后一套的奸诈之辈。

处世智慧

这句话深刻揭示了人际交往中的复杂与险恶。

俗话说：“明枪易躲，暗箭难防。”在自然界中，猛虎虽猛，但其威胁显而易见，易于防范。相比之下，人情的两面性却如同隐藏的利刃，难以捉摸，往往在不经意间伤人至深。

这句话提醒我们，在人际交往中要保持警惕，不可轻信表面现象，要深入了解人心，以防被虚伪和背叛伤害。它是对人性复杂性的深刻洞察。

二〇三 强中更有强中手

强中更有强中手，恶人须用恶人磨①。

注释

① 磨：折磨，对付。

译文

强者之中，总会有更加厉害的高手存在；作恶多端的人，总会有更凶恶的人去对付他。

处世智慧

这句话劝诫人们谦虚谨慎，不可自满或作恶多端。

“强中自有强中手”这句古语，与《孙子兵法》中的一些理念不谋而合。《孙子兵法》教导我们，在竞争激烈的环境中，了解对手的实力与策略是取胜的关键。正如“强中自有强中手”所言，无论我们多么强大，都不可掉以轻心，因为总会有更强大的对手等待挑战。这种居安思危、不断进取的态度，是我们在社会中立足的根本。

“恶人须用恶人磨”，则是强调恶人会遇到更恶的人去对付他，因而没有好下场。其实，也可以这样理解：面对恶势力，有时强硬手段是不可或缺的。这当然不是鼓励恶行，而是在守护正义。只有以坚定果敢的力量，狠刹歪风邪气，才能重塑公平有序的社会。

二〇四 会使不在家豪富

会使不在家豪富，风流不用着衣多。

译文

善于使用财物的人并不在于他的家庭财富的多寡；而一个人的风度魅力，也并不取决于华丽衣物的多少。

处世智慧

这句话强调的是个人的内在素质和能力的重要性。

它提醒我们，真正的才能与价值并不取决于外在的物质条件。正如《论语》中所言，“君子谋道不谋食”，强调的是君子应专注于追求真理与道义，而非物质享受。同样，一个人是否优秀，关键在于其学识、品德与能力，而非家庭的财富与地位。

风流，即指人的风度与魅力，它并非源自华丽的服饰或昂贵的装饰，而是源自内心的修养与气质。《世说新语》中记载了许多名士的风采，他们往往以简约的装扮、高雅的谈吐、深厚的学识赢得世人的尊敬与赞誉。它告诉我们，真正的风流是内在品质的体现，而非外在物质的堆砌。

二〇五 光阴似箭

光阴似箭，日月如梭①。

注释

① 梭：古代织布时往返牵引纬线的工具，两头尖，中间粗。

译文

时间流逝得非常快，就像射出的箭一样迅速，又像织布机上的梭子一样飞快地穿梭。

处世智慧

这句话警示人们要珍惜时间，不要虚度光阴。

这句古语，与《庄子·知北游》中“人生天地之间，若白驹之过郤，忽然而已”的意境相契合，共同揭示了时间的宝贵与流逝的无情。

时间如流水般匆匆逝去，一旦错过便无法挽回。因此，在有限的生命里，我们应当明确自己的目标，不被琐事所牵绊，勇敢地追求自己的梦想。同时，也要学会放下过去，不沉浸于过去的辉煌或遗憾中，以积极的心态面对未来。

二〇六 天时不如地利

天时不如地利，地利不如人和。

译文

有利的气候条件比不上有利的地理条件，而有利的地理条件又比不上人心齐一、内部团结。

处世智慧

这句话强调了团结一致对于成功的重要性。

它告诉我们，在追求目标或应对挑战时，尽管外在条件如天时、地利至关重要，但最核心的仍然是“人和”——人与人之间的和谐与团结。结合《孙子兵法》中的“上下同欲者胜”，我们可以更深刻地理解这一智慧。孙子强调，当军队中的每一个成员都心怀共同的目标，齐心协力时，这样的军队将无坚不摧。这种内部的高度一致与协作，正是“人和”的精髓所在。

抗日战争中，中国人民虽然在天时（战争初期处于劣势）和地利（国土沦丧）上遭受了巨大损失，但凭借“人和”——全民族的团结一致和英勇抗争精神，以及国际社会的支持和援助，最终取得了胜利。这充分揭示了“人和”在战争中的决定性作用。

二〇七 黄金未为贵

黄金未为贵，安乐值钱多。

译文

黄金并不是最珍贵的东西，平安和快乐才是更有价值的东西。

处世智慧

这句话强调的是精神上的满足与幸福的重要性。

黄金作为贵金属，历来被视为财富的象征，但在这句古语中，它却被放在了次要的位置。这反映了古人对于精神世界的重视，古人认为内心的安乐远比外在的物质财富更为珍贵。“黄金未为贵，安乐值钱多”这句话是在告诫我们，要追求更高层次的精神满足，而非仅仅停留在物质层面。

从人生的价值取向来看，这句古语鼓励我们树立正确的价值观。在当今社会，物质诱惑无处不在，人们往往容易陷入对金钱、地位的盲目追求中。然而，这种追求会使人忽略内心的感受，导致精神空虚。因此，我们要关注内心的感受，追求真正的幸福和快乐。

二〇八 世上万般皆下品

世上万般皆下品[①]，思量惟有读书高。

注释

①下品：魏晋时期将官员按上、中、下分为九品，其中“下上、下中、下下”三个等级称为下品。下品表示最低的官阶，后泛指事物的最低等级。

译文

世间所有的行业都是下品，细细想来只有读书才是最高贵的。

处世智慧

这句话强调读书的价值。

“学而优则仕”，在古代社会，读书被视为通往仕途、实现人生价值的重要途径。古人认为读书是最高尚的人生选择。这句话鼓励人们摒弃浮躁与短视，专注于知识的积累与智慧的启迪，以此为基础去追求更高的人生境界。

同时，这句古语也隐含了一种对于社会等级与职业分工的反思。在古代社会，职业往往被分为三六九等，而读书人则因其学识与品德而备受尊敬。这种观念在某种程度上促进了社会对于知识的尊重与追求，但我们也应注意到，如今要以更加开放和包容的心态去看待不同职业与身份的价值与意义。

二〇九 世间好语书说尽

世间好语书说尽，天下名山僧占多[①]。

注释

① 僧占多：此处意指多被僧人占有。

译文

世间所有好话都被记录在书籍中，而天下那些名山则大多被寺庙的僧人所占据。

处世智慧

这句话是在讲美好的事物皆有主人。

清代梁章钜在《楹联三话·庐山道院联》中记载了一个故事。故事里庐山道院的众多道院被僧人占据，只有老君殿由李道士主持，但富有的僧人们却试图通过各种手段将其驱逐，甚至贿赂官府以图摧毁老君殿。面对这一困境，李道士求助于其族叔李光地（谥号“文贞”）。李文贞公巧妙地运用了自己的文学和书法才能，创作了一副既富有哲理又气势磅礴的对联，并将其题写在山中。

这副对联“天下名山僧占多，也该留一二奇峰，栖吾道友；世间好语佛说尽，谁识得五千妙论，出我先师”不仅描述了佛教占据名山之多的现状，同时也巧妙地提出了道教也应有其立足之地的合理诉求。

这副对联最后引起了各方的关注，僧人们的计谋未能得逞，老君殿得以保存。

二一〇 为善最乐

为善最乐，为恶难逃。

译文

做善事是最令人快乐的事情，而做恶事则难以逃脱其带来的恶果。

处世智慧

这句话强调了行善积德的重要性，以及作恶终将受到惩罚的必然规律。

为善者，心存善念，行善积德，不仅能为自己带来内心的平静与喜悦，更能赢得他人的尊重与爱戴，从而在人生道路上积累更多的福报与善缘。这种由内而外的快乐与满足，是任何物质享受都无法比拟的。

相反，为恶者或许能一时得逞，但终究难逃因果报应。历史上的许多事例都证明了这一点：那些作恶多端、欺压百姓的暴君奸臣，最终都落得个身败名裂、遗臭万年的下场。所谓“积善之家，必有余庆；积不善之家，必有余殃”，便是如此。

因此，这一古训告诫我们，要秉持善念、行善积德，以高尚的品德和正直的行为赢得他人的尊重与信任。只有这样，我们才能在人生的道路上走得更加稳健与坦荡。

二一一 羊有跪乳之恩

羊有跪乳之恩，鸦有反哺之义。

译文

羊羔吃奶时会跪下来感谢母羊的养育之恩，乌鸦长大后会衔食回来喂养母鸦。

处世智慧

这句话用来教导子女应该懂得感恩父母，孝顺长辈，报答他们的养育之恩。

首先，它教导我们要有感恩之心。无论是羊羔跪乳，还是乌鸦反哺，都是对生命之源的深深感激。在人际交往中，我们也应常怀感恩之心，铭记他人的帮助与恩情，以真诚和善意回报社会。

其次，它强调了孝顺的重要性。孝顺是中华民族的传统美德，是每个人应尽的责任和义务。作为子女，我们应该尊敬父母、关爱长辈，尽自己所能去照顾和陪伴他们，让他们感受到家庭的温暖和幸福。

二一二 你急他未急

你急他未急，人闲心不闲。

译文

你着急的时候，他人并不着急；而他人看似空闲无事的时候，内心却有着自己的烦恼。

处世智慧

这句话反映了人与人之间在情感和思维状态上的差异，以及人们内心世界的复杂性和难以捉摸。

它与《庄子》中“子非鱼，安知鱼之乐”的哲理有异曲同工之妙，都揭示了人与人之间情感与思维状态的差异性和不可知性。

在处世智慧方面，这句话提醒我们要有同理心，但也要认识到每个人的内心世界都是独一无二的。我们不能仅凭自己的感受去揣测他人的想法，更不能强求他人与自己同步。面对他人的不急不躁或看似闲适，我们应保持尊重和理解，意识到他们可能有着自己的节奏和烦恼。

二一三 隐恶扬善

隐恶扬善，执[1]其两端。

注释

① 执：把握。

译文

隐藏别人的坏处，宣扬别人的好处，在处理问题时能够把握事物的善和恶两个极端，全面而公正地看待问题。

处世智慧

这句话与《论语》中孔子所倡导的“中庸之道”相契合。中庸之道强调在处理问题时避免极端，要追求平衡与和谐。

“隐恶扬善”体现了宽容与善意，它告诉我们应多关注他人的优点，不轻易揭人短处，以此营造和谐的人际关系。这种态度有助于增进人与人之间的理解和尊重，减少冲突与矛盾。

“执其两端”则要求我们，在处理问题时保持全面性和公正性，不偏听偏信，不轻易下结论。它鼓励我们深入了解事物的本质和真相，综合考虑各种因素和立场，从而作出更加公正的判断。

我们在与人交往中需要保持宽容与善意，在处理问题时需要保持全面与公正。这样的态度不仅有助于我们赢得他人的尊重与信任，也有助于我们更好地应对复杂多变的社会环境。

二一四　妻贤夫祸少

妻贤夫祸少，子孝父心宽。

译文

如果妻子贤惠，那么丈夫遇到的灾祸就少；如果子女孝顺，那么父亲的心情就会宽慰舒畅。

处世智慧

这句话强调了家庭和睦、夫妻恩爱、子女孝顺的重要性。

在古代社会，男主外，女主内。如果妻子贤惠，能够持家有道，相夫教子，使家庭成为丈夫坚强的后盾和温暖的港湾，就能降低丈夫在外闯荡遭遇祸患的可能性。子女孝顺，则能让父母感受到天伦之乐，心情自然宽慰舒畅，有利于身心健康。

它与“家和万事兴”的理念一脉相承，深刻揭示了家庭和谐对于个人幸福与社会稳定的重要性，提醒我们要重视家庭关系的建设与维护。

二一五 既堕釜甑

既堕釜甑[①]，反顾无益；翻覆之水，收之实难。

注释

① 釜甑（fǔzēng）：古代做饭的锅具。

译文

已经掉到地上摔碎的锅，再回头去看它们掉落的原因已经没有意义了；已经泼洒出去的水，想要再收回来实在是太难了。

处世智慧

这句话告诉我们，如果事情已经发生且无法挽回，再懊悔或试图补救也无济于事，正确做法应当是接受现实，向前看。

当事情已经发生且无法改变时，过度的懊悔与自责只会徒增烦恼，而无益于问题的解决。我们应当学会接受现实，放下过去的遗憾与不甘，以平和的心态去面对未来的挑战。正如古人所言，“往者不可谏，来者犹可追”，与其沉溺于过去的错误中无法自拔，不如将精力投入到未来的规划与努力中。

二一六 人生知足何时足

人生知足何时足，人老为闲且是闲。

译文

人生在世应该知足，不然何时才能真正满足呢？当人到老年时，如果能够享受清闲，才是真正的清闲。

处世智慧

这句话讲人生应知足常乐以及老年时要享受清闲的生活。这与《道德经》中“知足不辱，知止不殆”的哲学思想相契合。

它告诉我们，在纷繁复杂的社会中，知足是一种难能可贵的智慧。人若总是贪婪无度，追求无止境的物质与名利，便难以找到内心的安宁与满足。

而当人步入老年，历经沧桑，更应懂得珍惜眼前的清闲时光。此时，不妨放下尘世的纷扰，偷得浮生半日闲，享受内心的宁静与自由。这不仅是对自己的一种宽慰，也是对生命的一种尊重。

二一七 但有绿杨堪系马

但有绿杨堪系马，处处有路透长安。

译文

只要有翠绿的柳树可以拴马，到处都有通往京城长安的道路。

处世智慧

这句话常用来比喻人生处处有机遇，只要勇于探索和努力，就能找到属于自己的成功之路。

“但有绿杨堪系马”告诉我们，在人生的旅途中，只要有可供系马的柳树，就有休憩的地方，就可以调整状态，为下一次的出发做好准备。

“处处有路透长安”告诉我们，每个人都有机会实现自己的梦想和目标，关键在于是否愿意去努力寻找和把握。这鼓励我们要有自信，相信自己的潜力，勇敢地追求自己的梦想。

二一八 见者易

见者易，学者难。

译文

看别人做觉得很容易，但自己学起来却感到很难。

处世智慧

这句话常用于强调理论与实践之间的差距，以及学习过程中可能会遇到的困难和挑战。

它与《中庸》中“博学之，审问之，慎思之，明辨之，笃行之”的治学态度相呼应，都揭示了学习中理论与实践的关系。

这句话告诫我们，不要仅凭表面现象就轻易下结论，更不要低估学习任何一项技能或知识的难度。正如旁观者往往只看到表面的光鲜与轻松，而当局者深入其中，经历了无数次的尝试与失败，才领悟到其中的奥秘与精髓。

因此，我们应当保持谦逊与敬畏之心，对待学习，不但要“知（理论）”，还要“行（实践）”。只有将二者结合起来，才能在追求知识与技能的道路上不断突破自我。

二一九 莫将容易得

莫将容易得，便作等闲看。

译文

不要因为某样事物容易得到，就随随便便地看待它，不加以珍惜。

处世智慧

这句话强调了珍惜与重视的重要性，提醒人们不要轻视任何事物的价值，无论其得来是否容易。

在面对生活中的种种事物时，不应因其轻易获得而轻视其价值。正如古人云：“一粥一饭，当思来之不易；半丝半缕，恒念物力维艰。”每一粒粮食、每一件日用品都凝聚着辛勤与汗水，我们应当时刻怀有感恩与敬畏之心。

二二〇 用心计较般般错

用心计较般般错，退步思量事事宽。

译文

如果过于用心地去计较每一件事情，往往会发现处处都有错误；但如果退一步考虑，就会发现件件事都很容易解决。

处世智慧

这句话表达了在面对问题时，要宽容，莫计较。

它与《菜根谭》中的“处世让一步为高，退步即进步的张本；待人宽一分是福，利人实利己的根基”有异曲同工之妙。它告诫我们，在处世中过于计较得失，往往会导致判断失误，错失良机；而退让一步，天地变得宽阔，问题也就变得很容易解决。

这句话启示我们，面对生活中的挑战和困难时，应保持豁达、平和的心态，不要过于计较。在处理问题时，要全面考虑，权衡利弊，既要勇于担当，也要懂得适时宽容、让步。

二二一 道路各别，养家一般

道路各别，养家一般①。

注释

① 一般：一样。

译文

每个人的人生道路各不相同，但养家糊口、维持家庭生计的基本责任和目标是一致的。

处世智慧

这句话强调了尽管人们在生活中会选择不同的人生道路，但其目的都是养家糊口。

每个人的人生道路都是独一无二的，有着不同的追求和经历。但无论我们身处何种境地，养家糊口、维护家庭的责任却是相同的。这提醒我们，在追求个人梦想的同时，也要时刻铭记对家庭的责任和担当。

此外，这句话还告诉我们，工作无高低贵贱之分，都是为了挣钱养家，所以在处世中应保持开放和包容的心态，多理解他人，多包容他人。

二二二 从俭入奢易

从俭入奢易，从奢入俭难。

译文

从节俭的生活状态转变为奢侈的生活状态相对容易，但从奢侈的生活状态再回到节俭的生活状态就非常困难了。

处世智慧

这句话反映了俭奢的转换关系，暗含了保持节俭品质的重要性。与《朱子家训》中“一粥一饭，当思来之不易；半丝半缕，恒念物力维艰”的教诲相呼应。

在物质诱惑面前，人们往往容易放纵欲望，从俭朴的生活滑向奢侈的深渊。这一过程往往悄无声息，难以察觉。然而，一旦习惯了奢侈的生活方式，再想回归节俭，就需要极大的毅力和决心，因为这意味着要割舍已有的愉悦和满足，重新面对生活的艰辛和朴素。

因此，这句古语提醒我们，在日常生活中应当时刻保持清醒的头脑，珍惜来之不易的财富和资源，避免陷入奢侈的泥潭。

二二三 知音说与知音听

知音说与知音听，不是知音[1]莫与弹。

注释

①知音：知己，知心朋友。《列子·汤问》记载道：“伯牙善鼓琴，钟子期善听。伯牙鼓琴，志在高山，钟子期曰：‘善哉，峨峨兮若泰山！’志在流水，钟子期曰：‘善哉，洋洋兮若江河！’”

译文

只给知心人弹奏音乐听，不是知心的人就不要给他弹。

处世智慧

这句话强调了与有共鸣的人分享想法和感受的重要性，与《诗经》中“嘤其鸣矣，求其友声”的意境相契合。

它告诉我们，在分享心声与见解时，应寻找那些真正能够理解我们、与我们产生共鸣的知音。知音之间的对话，是心灵的交流，是思想的碰撞，能够让我们感受到被理解和认可的喜悦。然而，如果对方并非知音，那么我们说的话对方根本不会理解，如同对牛弹琴，难以引起共鸣，甚至可能引发误解和冲突。

二二四 点石化为金

点石化为金[1]，人心犹未足。

注释

①点石化为金：原指一种道家仙术，仙人用手指一点石头就变成金子。

译文

即使能将石头点化成金子，人的贪心仍然不会满足。

处世智慧

这句话用来形容人的贪欲无穷，警示人们要控制自己的欲望，知足常乐。

它与《庄子》中“鹪鹩巢于深林，不过一枝；偃鼠饮河，不过满腹”形成一种对比，揭示了人性中贪欲的无穷。即便拥有了点石成金的神通，人的内心也往往难以满足。这种贪欲的膨胀，不仅会让人失去对真正价值的判断，更可能陷入无尽的欲求与失落之中。正如历史上的许多帝王将相，虽然坐拥天下，却仍因贪欲无度而不得善终。

因此，这句话提醒我们在处世时要学会知足常乐，珍惜眼前所拥有的一切。要认识到贪欲的危害，时刻警惕自己不要被贪欲所驱使，从而做出错误的决定。

二二五 信了肚

信了肚[①]，卖了屋。

注释

① 信了肚：大吃大喝，放纵口腹之欲。

译文

任意大吃大喝，卖了房屋也满足不了。

处世智慧

这句话强调了自我控制的重要性。

在面对欲望时，要保持清醒的头脑，不被一时的冲动所左右。如果仅仅为了满足口腹之欲或其他短暂的欲望，而放弃了长远的利益或重要的原则，那么最终可能会得不偿失。

因此，这句俗语提醒我们在处世时要学会自我控制，审慎权衡利弊。在面对诱惑时，要坚守内心的信念和原则，不为外物所动。

二二六 他人睍睍

他人睍睍[1]，不涉你目。他人碌碌，不涉你屋。

注释

①睍（xiàn）睍：叠词。常用来描述因为害怕而不敢正视的样子。

译文

别人偷偷地看，那眼神与你无关；别人忙碌奔波，那行动也与你无关。

处世智慧

这两句话鼓励人们按照自己的节奏和方式去生活，不受外界干扰。

与《庄子》中“举世誉之而不加劝，举世非之而不加沮”的意境相契合，共同阐述了超脱世俗眼光，坚持自我道路的处世智慧，强调了个人在面对外界评价时应保持的淡然态度。无论是赞誉还是非议，都不应成为动摇自己信念的理由。同样，也是在告诫我们，不要过于在意他人的目光和行为，它们并不能定义或限制你的价值和行动。

这启发我们，在处世中应学会独立思考，坚定自己的信念和目标，不为外界的喧嚣所扰。同时，也要尊重他人的选择和生活方式，不轻易评判或干涉。

二二七 谁人不爱子孙贤

谁人不爱子孙贤，谁人不爱千钟粟[1]。奈五行不是这般题目。

注释

①千钟粟：字面意思是指一千钟的粟米，在这里指官员优厚的俸禄。其中“千”是数量词，表示极多。钟，古代的一种量器，

用于计量粮食等物品。粟，泛指五谷，尤其是指小米。

译文

哪个人不喜欢自己的子孙后代贤能出众，哪个人不渴望拥有高官厚禄？但遗憾的是，人的命运并不总是按照这样的期望来安排。

处世智慧

这两句话是对人生无常和命运不可控的感慨，即使人们有着美好的愿望和追求，但最终的结果往往并不由个人意愿所决定。

《庄子·内篇·人间世》中说："知其不可奈何而安之若命，德之至也。"庄子强调顺应自然，不断提升自我修养，认为这样方可达到品德高尚的境界。

同样，当我们面对"子孙贤""千钟粟"的美好愿望，却不得不接受"奈五行不是这般题目"的现实时，应学会调整心态，接受并顺应自然规律。人生并非总是如我们所愿，面对艰难险阻，我们要有豁达的心态，不怨天尤人，而是积极寻找改变之道，不断努力，勇敢前进。

二二八 莫把真心空计较

莫把真心空计较，儿孙自有儿孙福。

译文

不要白白地付出真心，因为儿孙自然会有他们自己的福分。

处世智慧

这句话是在劝慰人们不要过于担忧子女的未来。

家长往往对子女寄予厚望，倾尽心血，但过度操心和干预，反而可能束缚了子女的成长。正如这句古语所言，真心付出固然重要，但不必过分计较结果，因为每个生命都有其独特的轨迹和福报。儿孙自有他们的机遇，他们会根据自己的能力去努力，创造出属于自己的财富和幸福。

因此，我们应学会放手，给予子女足够的空间和支持，让他们自由成长。同时，也要保持一颗平常心，不过度期待，不无谓担忧。这样，我们不仅能减轻自己的心理负担，也能让子女在更加宽松和自由的环境中茁壮成长。

二二九 与人不和

与人不和，劝人养鹅。与人不睦，劝人架屋。

译文

如果你与某人关系不和睦，你可以劝他养鹅。如果你与某人关系不友好，你可以建议他建造房屋。

处世智慧

这两句话劝诫人们在面对人际关系中的不和时，应采取更为积极的解决之道。

“劝人养鹅”，是指与人不和睦、吵架时，劝人养一群每天聒噪的鹅，就能理解人们之间争吵也像鹅一样叨扰人了，从而增进相互理解，努力改善关系。“劝人架屋”，则是通过盖房子这样一项烦琐且耗时的工程，让人明白互相协作的重要。

这启发我们，发生分歧和争端时，要找到能够让彼此理解对方、包容差异、寻求共识的方法。在复杂的人际交往中，保持平和的心态，以建设性的方式解决问题，方能促进和谐，实现共赢。

二三〇 但行好事

但行好事，莫问前程[①]。

注释

① 前程：做官或未来在功业上的成就。

译文

只管去做好事，不要过分担忧前程。

处世智慧

这句话强调的是积极行动和专注于当下，而不是过分担心未来或结果。

它鼓励人们以正面和乐观的态度去面对生活，相信只要努力做好每一件事，自然会有好的结果。与儒家思想中“尽人事，听天命”的处世哲学相契合，深刻体现了古人的智慧。人生充满变数，未来难以预测，但人们可以通过积极行善、努力做好当下的事来把握自己的人生。

在《论语》等古代典籍中，孔子及其弟子多次强调“行有不得，反求诸己”，即遇到挫折或困难时，应反省自身，而不是怨天尤人。这与“但行好事，莫问前程”的精神不谋而合，都是鼓励人们专注于自身的修为和行动，而非过分担忧外界的反馈或未来的结果。

这句古训启发我们，在处世时应保持一颗平常心，不被功名利禄所累，专注于提升自己，积极行善助人。同时，也要学会顺应自然规律，相信“善有善报”，只要我们持续努力做好每一件事，未来自然会呈现出一个好的状态。

二三一 不交僧道

不交僧道，便是好人。

译文

不结交僧侣和道士，就是好人。

处世智慧

这句话意在告诫人们需谨慎选择交友对象，然而其字里行间透露出对佛教、道教的明显偏见。

句中隐含之意似乎认为，僧人、道士中无可交往之人，一旦与之结交，自己也会变得品行不端。然而，这种看法显然过于片面。结交僧侣或道士的人并不一定就是坏人，同样，不与他们结交的人也未必就是好人。判断一个人是否为好人，并非取决于他是否与僧侣道士交往，关键在于他个人的品德修养和行为表现。

在现代社会，我们应该尊重每个人的信仰和选择，不以偏概全，也不应因个人的信仰而对其产生偏见。

二三二 河狭水急

河狭水急，人急计生。

译文

当河流变得狭窄时，水流就会变得更加湍急；同样地，当人面临紧急情况时，就会想出应对的计策。

处世智慧

这句话通过自然界的河流来比喻人生的境遇，强调了在困境中人的应变能力。

当面对困难和挑战时，人们往往会激发出内在的潜力，积极寻找解决问题的办法。

三国时期，诸葛亮以其卓越的智谋和应变能力著称。《三国演义》中，“草船借箭”的故事便是“人急计生”的典范。当时，东吴大都督周瑜为了刁难诸葛亮，要求他在十日内造出十万支箭。面对这一几乎不可能完成的任务，诸葛亮并没有退缩或抱怨，而是冷静地分析了形势，并想出了“草船借箭”的妙计。他利用大雾天气，让士兵将草人绑在船上，驶近曹军水寨。曹军误以为敌军来袭，纷纷放箭，结果箭矢如雨点般落在草人上。最终，诸葛亮不仅顺利完成了任务，还大大超出了周瑜的预期，展现了他在困境中的非凡智慧和应变能力。

这种处世智慧告诉我们，在面对生活中的挑战与困境时，应保持冷静与镇定，积极寻找解决问题的途径，而不是被恐惧和绝望所吞噬。

二三三 明知山有虎

明知山有虎，莫向虎山行。

译文

明知道山中有老虎，就不要去走那条有老虎出没的山路。

处世智慧

这句话告诫人们在面对已知的危险时，应该保持警惕并避免直接涉险，以免遭遇不幸。

这与《道德经》中“知止不殆，可以长久”的智慧相呼应，都强调了明智地判断形势、避免无谓风险的重要性。

纵观历史长河，无数英雄豪杰的兴衰成败，往往与他们对风险的判断和应对密切相关。那些能够审时度势、量力而行的人，往往能够避免陷入困境，实现长远的发展。相反，那些盲目冒进、不顾后果的人，则往往会在危险中遭受重创，甚至一蹶不振。

二三四 路不行不到

路不行不到，事不为不成。人不劝不善，钟不打不鸣。

译文

路如果不走，就到达不了目的地；事情如果不做，就不会成功。人如果不经过劝导，就不会行善；钟如果不敲击，就不会发出声响。

处世智慧

这两句话强调了行动、劝导以及外部刺激的重要性。

“路不行不到，事不为不成”，强调了行动的重要性。正如古人所言，“千里之行，始于足下”，只有迈出步伐，才能到达目的地。同样，任何事业的成功，都离不开脚踏实地的努力与付出。

这启示我们，在面对挑战时，应勇于行动，坚持不懈，方能有所成就。

“人不劝不善”这句话，提醒我们重视劝导与教育的力量。人的本性虽善，但易受外界影响而偏离正道。因此，适时的劝导与教育，能够引导人们回归善良，提升品德。

“钟不打不鸣”，则比喻了外部刺激对于激发潜能的重要性。有时，人们需要一些外在的激励，才能发挥出自己最大的潜能。正如钟声需要敲击才能响彻云霄，人的潜能也需要通过不断的激发才能得以释放。

二三五 无钱方断酒

无钱方断酒，临老始看经。

译文

直到没有钱的时候，才决定戒酒；到了晚年的时候，才开始阅读经书。

处世智慧

这句话通常用来形容人们往往在面临困境或意识到时间的紧迫性时，才会去改变一些长期以来的坏习惯或追求新的生活方式。它带有一种反思和悔悟的意味，暗示着“早知如此，何必当初”的情绪。

“无钱方断酒”则警示我们，在享受当下时，亦需有节制与规划，避免过度放纵导致未来的困境。

至于“临老始看经”，与“少壮不努力，老大徒伤悲”有异曲同工之妙。它告诫我们，知识与智慧的积累应趁早，不应等到年岁已高、精力衰退时才去弥补。这不仅是对时间的珍惜，更是对生命价值的深刻认识。

二三六 点塔七层

点塔[①]七层，不如暗处一灯。

注释

①点塔：佛教徒为了表示虔诚，在佛塔上点灯供奉的行为。在佛教信仰中，点灯供奉佛塔被视为一种修行和积累功德的方式。

译文

在七层高的塔上点亮灯火，其光亮效果可能还不如在黑暗中的一处角落点亮一盏灯来得实际和有用。

处世智慧

这句话旨在说明要精准找到真正能解决问题的关键点，给予他人最受用的帮助。

修筑七层佛塔，固然是宏大之举，能在众人瞩目的地方彰显善念，可这往往流于表面形式。而在暗处点亮一盏灯，看似并不起眼，却能在最需要的时候，为那些身处困境、迷失方向的人送去希望的曙光。

生活中，那些浮夸的言辞或许能博人眼球，却难以真正触及人心。默默给予他人最受用的帮助，也如同寒夜孤舟望见的港湾灯火，给予人无比的温暖。真正的善，不在于级别有多高、场面有多大，而在于能否精准地照亮他人的世界，成为他们前行路上最坚实的依靠。

二三七 万事劝人休瞒昧

万事劝人休瞒昧[①]，举头三尺有神明。

注释

①瞒昧：隐瞒欺骗。

译文

在做任何事情时，都不要心存欺骗和隐瞒，因为我们头顶三尺之上的地方，有神灵在注视着我们的行为。

处世智慧

这句话是一种道德劝诫。

它劝诫人们在行事时应光明磊落，避免欺骗与隐瞒，因为世间万物皆在某种更高力量的审视之下。无论把这种力量理解为神明、天道还是社会公义，其实都是强调道德自律与诚信的重要性。

这句古语不仅是对个人品德的鞭策，也是对社会秩序与公正的维护，提醒我们在日常生活中要诚实、遵纪守法，以赢得他人的尊重与社会的认可。

二三八 但存方寸地

但存方寸地，留与子孙耕。

译文

留下哪怕一点点土地，给我们的子孙后代去耕种。

处世智慧

这句话强调了资源保护和可持续发展的重要性，以及为后代着想的责任感。它深刻体现了古代先贤对于资源保护与后代福祉的远见卓识。

孟子强调："不违农时，谷不可胜食也；数罟不入洿池，鱼鳖不可胜食也。"这与"但存方寸地"所传达的珍惜资源，谋求可持续发展的理念相契合。

将这句古语与"前人栽树，后人乘凉"的谚语相联系，我们可以更深刻地理解到，为后代留下宝贵的资源，是我们这一代人不可推卸的责任。正如前人种下树木，为后人提供了乘凉之处，我们也应努力保护现有的资源，为子孙后代创造一个更加宜居的地球。

“但存方寸地，留与子孙耕”告诉我们，在追求个人利益的同时，也要考虑到后代的福祉，以长远的眼光来规划我们的行为，实现人与自然和谐共生。

二三九 灭却心头火

灭却心头火，剔[①]起佛前灯。

注释

① 剔：挑、拨。

译文

平息掉心中的愤怒和烦躁，在佛前点亮一盏明灯。

处世智慧

这句话常用来劝诫人们要控制自己的情绪，保持内心的平静与善良。

《金刚经》所言“应无所住而生其心”，强调了心灵的清净与超脱。与此相似，“灭却心头火”便是要我们熄灭内心的贪、嗔、痴、慢、疑等负面情绪，达到内心的平和与宁静。

同时，这句古语也与儒家思想中的“中庸之道”相契合，即倡导人们在处世中保持平衡与和谐，避免过激与偏执。本则的寓意是，点亮内心的明灯，照亮前行的道路，以智慧和慈悲引导自己的行为。

二四〇 惺惺常不足

惺惺[①]常不足，懞懞[②]作公卿。

注释

① 惺（xīng）惺：聪慧的样子，聪明的人。

② 懞（měng）懞：愚昧无知，糊里糊涂，不明事理。

译文

聪明的人常常能够意识到自己的不足，糊涂的人反而把自己当作公卿。

处世智慧

这句话意在探讨人的自知。

在《道德经》中，有“知人者智，自知者明”的论述，强调了自知之明的重要性。这与“惺惺常不足”相呼应，意味着那些聪明的人，往往能意识到自己的局限与不足，因此不会因一时的成就而自满，反而能持续学习，追求更高的境界。相反，“懞懞作公卿”则揭示了社会现象的另一面。这里的“懞懞”指真正的愚昧无知的人，他们在学识上不如“惺惺”之人，却自我感觉良好，不但看不到自己的不足，更不知道反省，反而自高自大，以为自己是做王侯将相的材料。

二四一 众星朗朗

众星朗朗，不如孤月独明。

译文

众多星星虽然都闪耀着光芒，但它们的亮度加起来，也不如一轮月亮高悬夜空时那么明亮。

处世智慧

这句话强调了单一而突出的存在往往更为显著。

在浩瀚的夜空中，无数星星闪烁着微弱的光芒，它们共同编织出一幅璀璨的星空画卷。然而，当一轮皎洁的明月升起时，其清辉洒满大地，那些星星的光芒便显得黯淡了许多。

这句话不仅是对自然景观的描绘，更是对人生哲理的一种隐喻。它告诉我们，在纷繁复杂的世界中，虽然每个人都可能是那众多星星中的一员，努力发光发热，但往往只有那些能够独树一帜的人或事物，才能脱颖而出，像孤月一般，以其独特的魅力，成为众人瞩目的焦点。

二四二 兄弟相害

兄弟相害，不如友生[①]。

注释

① 友生：朋友。

译文

兄弟之间互相伤害，还不如朋友关系来得和谐与有益。

处世智慧

这句话道尽了亲情的悲哀与人际的复杂。

兄弟间本应有深厚的感情，但如果这种感情被破坏，兄弟之间由于利益、嫉妒等原因互相伤害，那么这样的关系，反而不如那些基于相互尊重和理解的朋友关系。

春秋时期，郑庄公与共叔段是兄弟。然而，共叔段野心勃勃，企图夺取王位，因此与郑庄公反目成仇。叛乱失败后，逃亡的共叔段被逮捕并受到惩罚。共叔段的贪婪与野心不仅破坏了兄弟间的亲情，也给郑国带来了动荡与不安。

“本是同根生，相煎何太急”，世间真情可贵，兄弟之情更应珍惜，莫让权力、金钱等外物蒙蔽了双眼，忘了血脉相连的家人。

二四三 合理可作

合理可作，小利莫争。

译文

如果某件事情是合理且可行的，那么就可以去做；而对于那些蝇头小利，就不要去争抢了。

处世智慧

这句话强调，在行动之前要判断事情的合理性和可行性，同时倡导一种不计较小利、以大局为重的态度。

三国时刘备，面对天下大乱，不争一时一地之小利，而重仁义，深得人心，终成一方霸业。他深知“得道多助，失道寡助”，合理之事方能长久，小利之争则易失人心。

又如古语云：“不谋全局者，不足以谋一域。”这句话强调的正是要有大局观，不为一时小利所惑。历史上因目光短浅未能见微知著，因小利而失大局者不乏其例。

因此，“合理可作，小利莫争”，不仅是个人修养的体现，更是成就大事的基石。它告诫我们，在面对选择时，应深思熟虑，以长远利益为重，方能行稳致远。

二四四 牡丹花好空入目

牡丹花好空入目，枣花虽微结实成。

译文

牡丹花美丽动人，但仅仅是供人观赏；枣花虽然小巧不起眼，但它能够结出果实。

处世智慧

这句话批判了像牡丹一样外表华丽却无实际价值的事物，赞美了像枣花一样看似平凡却能有实际用处的事物。

牡丹，以其雍容华贵之姿，吸引了无数的目光，然而它的美，仅限于观赏，缺乏更深层次的内涵与实用性。相比之下，枣花虽不起眼，不像牡丹那般绚烂夺目，但它却能默默结出甜美的果实，给予人们以收获。

这句话启示我们，在评价事物或人时，不应仅停留在表面的光鲜亮丽，而应深入探究其内在的价值。同时，它也鼓励我们学习枣花的精神，即便出身平凡，也要努力生长，结出属于自己的果实。

二四五 欺老莫欺少

欺老莫欺少，欺人心不明。

译文

哪怕是欺负老年人，也不要欺负小孩子。但只要是欺负他人的人，往往都心术不正，不明事理。

处世智慧

这句话旨在劝人尊重他人、不恃强凌弱以及保持正直善良的品德。

“欺老莫欺少”提醒我们，欺负人就是不对，无论是对待年长者还是年轻人，都应保持尊重与平等。年长者经验丰富，为社会和家庭付出了大量心血，值得我们尊敬与爱护；而小孩子则是社会的未来与希望，他们充满朝气与潜力，同样不应受到无理的欺凌与打压。

“欺人心不明”则是对那些喜欢欺负他人者的深刻批判。这种行为不仅暴露了施暴者的无能，更显示了他们内心的阴暗。一个真正有智慧、有品德的人，是不会轻易去欺负他人的，因为他们知道，这样做只会损害自己的形象与声誉，最终得不偿失。

二四六 随分耕锄收地利

随分耕锄收地利①，他时饱暖谢苍天。

注释

① 地利：土地的收成。

译文

按照时节，充分利用土地资源来耕种收获。等到生活饱暖无忧时要感谢上天的恩赐。

处世智慧

这句话体现了勤劳耕作、顺应自然、感恩知足的朴素生活哲学。

它蕴含了古代农耕文明中的智慧与感恩之心。“随分耕锄收地利”，让人联想到古代农民辛勤劳作，顺应天时地利的场景。而“他时饱暖谢苍天”，则体现了农民在丰收后对自然的敬畏与感激，与“吃水不忘挖井人”的道理相通。

类似的还有“一分耕耘，一分收获”，强调了劳动与收获之间的必然联系。这些话语共同传达了一个信息：无论时代如何变迁，勤劳朴实、顺应自然、心怀感恩，都是人类社会中永恒不变的美德。

二四七 得忍且忍

得忍且忍，得耐且耐；不忍不耐，小事成大。

译文

遇到需要忍受的情况时，就去忍受；需要耐心对待的事情，就保持耐心去处理。如果不愿意忍受和耐心应对，小事情就会变成大事情。

处世智慧

这句话强调了忍耐的重要性。

历史上，韩信胯下之辱的典故便是对此的最佳诠释。韩信面对恶霸的挑衅，选择了忍耐，没有因一时之怒而酿成大错，最终成就了大业。这告诉我们，在面对挑战和困境时，忍一时之气，往往能换来更广阔的天地。

类似的如“忍一时风平浪静，退一步海阔天空”，也强调了同样的道理。它们都在告诫我们，在人际交往和处理问题时，要学会控制情绪，保持冷静与理智，暂时忍耐，就能避免因小失大，影响大局。

二四八　相论逞英豪

相论逞英豪，家计[1]渐渐退。

注释

① 家计：指家庭的生计或经济状况。

译文

如果一家人总是喜欢争论不休，那么这家的生计就会逐渐衰减。

处世智慧

这句话深刻揭示了家庭内部纷争对整体福祉的负面影响。

东汉末年的袁绍家族，因内部兄弟间的争斗不休，导致势力逐渐削弱，最终走向衰败。

与之相对的便是“家和万事兴”，它强调家庭和睦是事业兴旺的基石。一个家庭若内部纷争不断，只顾个人英雄主义，忽视集体利益，势必会消耗资源，削弱力量，最终导致家计衰退，事业难成。因此，这句话提醒我们，在追求个人成就的同时，也要注重家庭和睦，方能共创美好未来。

二四九　贤妇令夫贵

贤妇令夫贵，恶妇令夫败。

译文

贤惠的妻子能够帮助丈夫成就事业，使他的地位更加尊贵；而恶劣的妻子则可能拖累丈夫，导致他的事业失败或家庭衰败。

处世智慧

这句话强调了妻子的品德在家庭和丈夫事业成功中的重要作用。

唐太宗李世民之妻长孙皇后，以贤良淑德著称，不仅助夫治理国家，更在关键时刻给予明智建议，使唐太宗能广开言路，成就贞观之治。反观商纣王之妃妲己，以美色惑主，导致朝政荒废，民不聊生，最终商朝覆灭。类似的名言警句如“妻贤夫祸少，子孝父心宽”，亦强调了贤妻在家庭和谐与丈夫事业成功中的积极作用。

当然，夫妻双方是相互影响，彼此成全的。唯有互敬互爱，互相扶持，才能使得家道兴盛。

二五〇　一人有庆

一人有庆，兆民[1]咸赖。

注释

①兆（zhào）民：众民，百姓。

译文

一个人获得了成功，民众都有了依靠。

处世智慧

这句话深刻体现了古代社会领袖与民众之间的紧密联系。

历史上，如唐太宗李世民开创贞观之治，国家繁荣昌盛，百姓安居乐业，正是“一人有庆，兆民咸赖”的生动写照。

与之相对的名言警句，如“水能载舟，亦能覆舟”，强调了民众对于领袖和政权的重要性。领袖的成功与民众的支持密不可分，只有真正关心民众疾苦，为民众谋福祉的领袖，才能得到民众的衷心拥护和信赖。

二五一　人老心未老

人老心未老，身贫志不穷。

译文

一个人的身体已经老去，但他的心态依然保持年轻和活力；一个人处于贫困之中，但他的志向和追求并未因此而消失或减弱。

处世智慧

这句话表达了一种积极向上、不屈不挠的生活态度，即无论年龄或经济状况如何，都不应放弃对美好生活的向往和追求。

姜子牙八十岁才遇文王，辅佐武王伐纣，成就一番伟业，这便是“人老心未老”的典范。他虽年事已高，但心怀壮志，智慧超群，为周朝的建立立下了汗马功劳。

至于“身贫志不穷”，则可联想到陶渊明“不为五斗米折腰”的故事。陶渊明虽生活清贫，但他不为权势所屈，坚持自己的志向与气节，留下了“采菊东篱下，悠然见南山”的千古佳句，展现了贫贱不能移的高尚品质。“穷且益坚，不坠青云之志”，亦强调了在困境中保持志向与信念的重要性。

这些话启示我们：无论年龄大小、贫富如何，都应保持一颗年轻、进取的心，坚守自己的志向与信念，勇往直前，不懈追求。

二五二 人无千日好

人无千日好，花无百日红。

译文

人的运势不会永远都好，就像花朵不会永远都鲜艳一样。

处世智慧

这句话道出了人生无常、世事难料的哲理。

历史上，无数英雄豪杰的人生起伏，都印证了这一道理。如楚霸王项羽，曾力拔山兮气盖世，最终却落得乌江自刎的下场；又如唐玄宗李隆基，开创开元盛世，晚年却因安史之乱而失势。这些历史典故，无不说明人的运势如同花开花落，难以长久保持巅峰状态。

“盛极必衰，物极必反”，同样强调了事物发展的规律性和周期性。这告诉我们，要有忧患意识，在面对人生的顺境时，应保持一颗平常心，不过度得意于成功；面对逆境时，不要灰心丧气。

二五三 杀人可恕

杀人可恕[①]，情理难容。

注释

① 恕：宽恕。

译文

杀人的理由可能得到某种程度的宽恕，但从情理上来说，这种行为是难以被接受的。

处世智慧

这句话强调了杀人是天理难容的事情。

“杀人可恕”，乍看之下，似乎违背常理。毕竟，生命无价，怎么杀人还能被宽恕呢？需要强调的是，这里的“杀人可恕”，是从“杀人者”一方的立场出发，考虑到或许存在大义灭亲、过失杀人等情况。

可从“被杀者”的角度看，无论何种缘由，都是“情理难容”。这就提醒我们，行事做人都应守住底线，不能随意剥夺他人的生命。当我们遭遇矛盾、冲突时，要冷静克制，尽量用平和的方式解决问题。一旦大错铸成，即便自以为“可恕”，也终究难逃法律的严惩和外界的谴责（正当执法等正义行为除外）。

二五四 乍富不知新受用

乍富不知新受用，乍贫难改旧家风[①]。

注释

① 家风：家庭或家族世代相传的生活方式和作风。

译文

一个人如果突然变得富有，还不懂得如何享受财富带来的好处；而一个人如果突然陷入贫困，也很难立刻改变他过去富裕时养成的生活习惯。

处世智慧

这句话反映了人们在面对经济状况的急剧变化时，往往难以迅速适应和调整自己的生活方式和心态。

如暴发户之流，骤然得财，往往不知如何妥善使用，挥霍无度，最终可能重归贫困，这便是“乍富不知新受用”的写照。而“乍贫难改旧家风”，则让人联想到那些曾经显赫一时的家族，因变故而陷入困境，但家族成员仍试图维持昔日的奢华，难以适应俭朴的生活，如《红楼梦》中的贾府便是典型例子。

类似的如“由俭入奢易，由奢入俭难”，也表达了人们在生活水平变化时的适应难题。这些话语都在提醒我们，在面对经济状况的起伏时，应保持理智与节制，既不过度挥霍，也不应沉醉于过去的荣光，而是要学会随遇而安，适应生活的变化。

二五五 座中客常满

座中客常满，杯中酒不空。

译文

家中经常宾客满座，酒杯从没空过。

处世智慧

这句话描绘了一个热闹欢聚、宾主尽欢的场景，体现了主人家的热情好客与待客之道。在中国历史上，这样的场景屡见不鲜，如唐代诗人李白的《将进酒》中就有“烹羊宰牛且为乐，会须一饮三百杯”的豪迈之句，虽未直接言及宾客满座，但那份与友共饮的畅快淋漓之情跃然纸上。

《论语》亦云，“有朋自远方来，不亦乐乎”，强调了朋友相聚的喜悦与友情的珍贵。这些话语共同构建了一种重视友情、享受相聚的文化氛围，与“座中客常满，杯中酒不空”所传达的意境相契合，都体现了人们对和谐人际关系及美好生活的向往与追求。

二五六 屋漏更遭连夜雨

屋漏更遭连夜雨[1]，行船又被打头风。

注释

①屋漏更遭连夜雨：比喻连续发生变故。这句话通常用来表达人们在面对一连串不幸事件时的无奈和沮丧。

译文

本来房子就漏雨了，偏偏又遇上连夜的大雨天气；本来行船就很难了，偏偏又遭遇了迎面吹来的强风。

处世智慧

这句话表达了祸不单行的无奈与悲哀。

“福无双至，祸不单行”，是说人在不幸时往往一连串的不幸都会接踵而至。《水浒传》中林冲屡遭陷害，家破人亡，恰似“屋漏更遭连夜雨”。古代航海者面对狂风巨浪，奋力抗争，却往往力不从心，正如“行船又遇顶头风”。

事实上，生活往往充满了不确定性和挑战，有时候当我们已经身处困境，可能还会遭遇更多的不幸和阻碍，仿佛命运在故意考验我们的意志和耐力。不过，我们要坚信，不幸都会过去，因为“山重水复疑无路，柳暗花明又一村”！

二五七 笋因落箨方成竹

笋因落箨[1]方成竹，鱼为奔波始化龙。

注释

① 箨（tuò）：竹笋外层一片一片的壳。

译文

竹笋只有脱去外壳，才能长成挺拔的竹子；鱼儿只有不断游动，才能最终变化成龙。

处世智慧

这句话用来比喻人必须经过磨砺和奋斗，才能成就一番事业。

它借自然界中竹笋脱壳成竹、鱼儿奔波化龙的现象，比喻人必须经过磨砺与奋斗，方能成就非凡。“宝剑锋从磨砺出，梅花香自苦寒来”，历史上无数英雄豪杰的成长历程都印证了这一点。如，越王勾践卧薪尝胆，历经磨难，最终复国雪耻；又如，韩信忍辱负重，历经坎坷，终成一代名将。它告诉我们，逆境是成长的催化剂，只有勇于面对挑战，不断努力奋斗，才能实现自我超越，获得成功。

二五八 记得少年骑竹马

记得少年骑竹马，看看又是白头翁[1]。

注释

① 白头翁：指白发老年男子。

译文

还记得年少时骑着竹马嬉戏的情景，转眼间就已经变成了白发苍苍的老人。

处世智慧

这句话表达了对青春的怀念，以及对岁月无情、人生短暂的感慨。

在中国古代文学中，不乏对时光易逝、青春不再的描绘，如《长歌行》中的“百川东到海，何时复西归？少壮不努力，老大徒伤悲”，就强调了珍惜时光、努力奋斗的重要性。

从无忧无虑的少年到白发苍苍的老年，仿佛仅是一瞬间。它让人反思，在匆匆流逝的岁月中，我们是否珍惜了每一段时光，是否实现了自己的价值与梦想。同时，这句话也传递出一种对生命的敬畏与感慨，提醒我们要珍惜时光，把握现在，活出精彩的人生。

二五九 礼义生于富足

礼义生于富足，盗贼出于贫穷。

译文

礼法和道义往往是在物质富足、生活安定的环境中产生的；而盗窃和抢劫等犯罪行为，则往往源于生活所迫。

处世智慧

这句话深刻揭示了社会经济状况对道德行为的深远影响。

在繁荣的盛唐时期，社会富足，文化昌盛，礼义之道深入人心，百姓安居乐业，犯罪率相对较低。这正是“礼义生于富足”的生动写照。

相反，当社会陷入动荡与贫困，如战乱时期，百姓流离失所，食不果腹，为了生存，他们往往不得不铤而走险，盗窃、抢劫等犯罪行为频发，这便是“盗贼出于贫穷”的残酷现实。

“仓廪实而知礼节，衣食足而知荣辱”，便是在强调，物质基础的稳固对于道德观念的形成非常重要。

二六〇 天上众星皆拱北

天上众星皆拱[①]北[②]，世间无水不朝东。

注释

① 拱：环绕。② 北：北极星，意指北面。

译文

天上的众多星星都围绕着北极星旋转；而世间所有的水流，不论其源头在哪里，最终都会向东流去。

处世智慧

这句话用天上的星象和地上的水流来说明世间万物都有其规律。

在古代，人们观察天象，发现星辰运行有其固定的轨迹，其中众多星辰似乎都围绕着北极星旋转，形成了“众星拱北”的壮丽景象。这一自然现象，被古人赋予了象征意义，用来比喻万物皆有所归，人心亦有所向。

由于地球自西向东旋转，加上地势高低的影响，使得北半球大多数水流最终都流向东方，汇入大海。这句话不仅总结了自然界的水循环规律，也寓意着世间万物都有其既定的方向。无论是天上的星辰，还是地上的水流，都遵循着自然的规律，朝着既定的方向前进。同样，人生也应如此，明确自己的目标，坚定信念，勇往直前。

二六一 君子安贫

君子安贫，达人知命。

译文

品德高尚的人能够安于贫穷的生活，而通达事理的人则明白并接受自己的命运。

处世智慧

这句话表达了一种超然物外、顺应自然的人生态度，强调了内在修养和心态的重要性。

孔子弟子颜回，便是“君子安贫”的典范。他身处陋巷，箪食瓢饮，却能乐在其中，展现出超凡脱俗的精神境界。颜回的故事告诉我们，真正的君子并不为物质所累，他们追求的是精神的富足与内心的安宁。

而“达人知命”，则让人联想到庄子的“知其不可奈何而安之若命”。庄子认为，人无法改变自然规律。达人能够洞察这一真相，从而以平和的心态顺应自然，不为外物所动，达到心灵的自由与超脱。“命里有时终须有，命里无时莫强求”同样强调了顺应自然、接受现实的重要性。

二六二 忠言逆耳利于行

忠言逆耳利于行，良药苦口利于病。

译文

忠言听起来不顺耳，但却对行为有益处；良药虽然味道苦涩，但却有利于治病。

处世智慧

这句话劝诫人们要勇于接受批评和忠直的建议。

历史上，许多贤臣良将都曾以忠言逆耳劝谏君主，如魏徵直言进谏唐太宗，虽常引皇帝不悦，却帮助唐朝开创了贞观之治。这些典故告诉我们，真正有益的建议往往不那么顺耳，却能引导我们走向正确的道路。

同样，良药虽苦，却能治愈疾病，使我们恢复健康。这正如忠言一样，听起来让人不舒服，但却能解决大问题。

这句话是在提醒我们，在面对劝告和批评时，应保持开放的心态，勇于接受并改正自身不足，从而不断进步。

二六三 顺天者存

顺天者存，逆天者亡。

译文

顺应天命者，能够生存发展；而违背天命者，最终会走向灭亡。

处世智慧

这句话揭示了天道的重要性。

它告诉我们，无论是个人还是集体，只有遵循天道，才能生存并发展壮大。这里的“天”不仅指自然界的规律，也隐含着社会道德、伦理等更高层次的原则。

违背这些规律和原则，就会灭亡。因为自然法则和社会规律是客观存在的，它们不以人的意志为转移，违背它们就会受到惩罚。因此，我们应该遵循天道，以谦虚谨慎的态度去认识和改造世界。

二六四 人为财死

人为财死，鸟为食亡。

译文

人为了追求金钱财富而死亡；鸟儿为了寻找食物而丧命。

处世智慧

这句话揭示了人性中的贪婪与生存的本能。它告诉我们，在追求物质利益的过程中，人们往往容易失去理智，甚至不惜一切代价，包括生命本身。这种贪婪不仅存在于人类社会中，也体现在自然界中，如鸟类为了生存而拼命觅食。

然而，这句话也提醒我们，在追求财富和生存的同时，必须保持理性和节制。过度的贪婪只会让我们陷入更大的困境，甚至失去更多。因此，我们应该树立正确的价值观，理性看待财富，以平和的心态去面对生活。

二六五 夫妻相好合

夫妻相好合，琴瑟①与笙簧②。

注释

①琴瑟（sè）：两种弦乐器。也用以比喻夫妻感情和谐或兄弟、朋友的情谊。②笙簧（shēnghuáng）：笙的簧片。代指奏乐，乐声。

译文

夫妻之间相处和谐，情感融洽，就像琴瑟和笙簧齐奏时一样和谐。

处世智慧

这句话意在说明夫妻和合。

在中国古代，琴瑟和笙簧常被用来比喻夫妻间的和谐与默契。琴瑟合奏，音律和谐，如同夫妻间心有灵犀；笙簧共鸣，声音悠扬，又似夫妻情感深厚。

类似的还有“家和万事兴”，它强调了家庭和睦对于个人幸福和社会稳定的重要性。这些话语共同传达了一个信息：夫妻之间的和谐是家庭幸福的基石，只有相互理解、相互支持，才能共同创造美好的未来。因此，我们应该珍惜夫妻间的情感，努力维护和谐的家庭关系。

二六六 有儿贫不久

有儿贫不久，无子富不长。

译文

有了儿子，贫穷就是暂时的。没有儿子，即使现在富有，这份财富也难以长久。

处世智慧

这句话强调了后代对于家族延续和财富传承的重要性。

在中国历史长河中，血脉的延续被视为家族第一等大事。古代有许多子孙昌盛、家族兴旺的例子。《孟子》中提到的“不孝有三，无后为大”，就强调了后代对于家族延续的重要性。

而“有儿贫不久”则体现了古人对于子孙后代的信心和期望。在传统观念中，只要有了后代，家族就有了希望和未来，即使当前面临贫困，也可以通过后代的努力来改变命运，实现家族的繁荣。

相反，“无子富不长”则揭示了缺乏后代所带来的困境。没有后代的继承，财富和家业难以长久维持，家族也会逐渐衰落。这不仅是物质财富的流失，更是家族精神和文化的断裂。在男女平等的今天，本则的思想已不适用。

二六七 善必寿老

善必寿老，恶必早亡。

译文

做善事的人一定会长寿安康，作恶多端的人往往会早早死亡。

处世智慧

这句话表达了一种因果观念，即认为人的善恶行为会直接影响到其寿命长短。然而，需要注意的是，这句话并不是一种绝对的、科学的论断，而是一种道德劝诫和信仰表达。

从常理的角度讲，善良之人心怀仁爱与悲悯，常助人于危难之间，他们内心因坦荡而安宁，生活因和睦而顺遂。而作恶之人，为达目的不择手段，既伤害他人、为己树敌，也良心难安、损耗生命。因此，说善良者长寿、作恶者早亡，是有道理的。

与此类似的还有“积善之家必有余庆，积不善之家必有余殃”，进一步强调了善恶行为对家族和个人命运的深远影响。这些话语共同构成了中国文化中独特的道德观念，提醒人们要秉持善念、远离恶行。

二六八 爽口食多偏作病

爽口食多偏作病，快心事过恐生殃[1]。

注释

① 殃：灾殃，灾祸。

译文

可口的食物如果吃得过多，反而会引发疾病；享乐的事情如果过度，恐怕会招来灾祸。

处世智慧

这句话深刻揭示了生活中的平衡之道。

在饮食方面，人们往往难以抵挡美食的诱惑，但过量摄入却可能损害健康，导致疾病缠身。这提醒我们，在享受美食的同时，要注意适量，保持饮食的均衡与健康。

同样，在情绪管理上，过度的快乐或兴奋也可能带来不良后果。当我们沉浸在愉悦之中时，容易忽视潜在的风险和问题，从而做出不理智的决定或行为，最终可能引发灾祸。乐极生悲，便是如此。因此，我们需要在享受与节制之间找到平衡点，在快乐中保持清醒，无论是饮食还是情绪管理，都要遵循适度原则，才能保持身心的健康。

二六九 富贵定要安本分

富贵定要安本分，贫穷不必枉思量①。

注释

①枉思量：胡思乱想。

译文

身处富贵之中，应该安守本分；身处贫困时，也不必胡思乱想。

处世智慧

这句话强调了无论贫富，人都应该保持一种平和的心态。

在富贵时，人们往往容易迷失自我，被权势和财富所迷惑，从而做出违背本心、超出本分之事。然而，真正的智慧在于保持清醒，安守自己的本分，不骄不躁，不贪不婪，这样富贵才能长久，避免陷入灾祸。

当贫困时，人们往往容易陷入焦虑之中，过度地担忧未来，甚至产生不切实际的想法。然而，这种过度的思量往往是徒劳的，它不仅不能改变现状，反而可能让人失去前进的动力和勇气。因此，在贫困之时，我们应该保持乐观，理性地分析自己的处境，寻找改变现状的有效途径，而不是一味地胡思乱想。

这句话告诫我们，在人生的各个阶段，都应该保持一种平和的心态，根据自己的实际情况来行动和思考，既不盲目追求富贵，也不轻易放弃希望。

二七〇 画水无风空作浪

画水无风空作浪，绣花虽好不闻香。

译文

画中的水，没有风，却看起来波涛汹涌；绣出的花精美绝伦，但它本身并没有花香。

处世智慧

这句话用来比喻一些事物虽然外表看起来很好，但实际上却缺乏真实性或实用性。

画中的水，即便画家技艺高超，能够细腻地描绘出波浪的形态，但终究缺乏自然之风赋予的动态与生命力，显得空洞。同样，绣花作品以其精湛的工艺和绚丽的色彩吸引人们的目光，然而，无论它多么精美，都无法散发出自然界中花朵独有的芬芳，无法给予人们嗅觉上的享受。

这句话启示我们，在欣赏和评价事物时，不仅要关注其外在的表现形式和美感，更要深入探究其内在的实质和价值。同时，也提醒我们，在追求美好事物的过程中，要保持理性和清醒的头脑，避免被表面的华丽所迷惑，而忽视了真正重要的东西。

二七一　贪他一斗米

贪他一斗米，失却半年粮；争他一脚豚①，反失一肘羊。

注释

① 一脚豚：一只猪蹄。豚，小猪。

译文

贪图别人的一斗米，结果可能失去自己半年的口粮；争夺别人的一只猪蹄，反而可能失去一个羊肘。

处世智慧

这句话用来告诫人们不要贪小失大，警示人们面对诱惑时，要保持理智。

战国时期，齐国与燕国开战，齐将达子建议齐王用国库金币犒赏三军。结果，齐王因贪图少许金币拒绝了这一请求，齐军士气低落，接连战败，最终齐国都城被攻破，宗庙重器及大量金银财宝被洗劫一空，齐王也仓皇出逃。这就是“因小失大”的典型例子。

这启示我们，在追求利益的过程中，我们应该有长远的眼光和全局的观念，避免因贪图小利而失去更大的利益。

二七二 龙归晚洞云犹湿

龙归晚洞云犹湿，麝[1]过春山草木香。

注释

① 麝（shè）：又称香獐，哺乳动物，体形像牛而稍小，麝香腺分泌的麝香，可作药材和香料用。

译文

当龙傍晚回到它的洞穴时，它经过之处的云彩都似乎带着湿润的气息；当麝穿越春天的山林时，它所经过之处，连草木都沾染上麝香的芬芳。

处世智慧

这句话描绘出一幅极具诗意的图画，说明“龙”“麝”对事物有着长久的、正向的影响。

龙归洞后，云仍带湿意，正如那些有大作为之人，即便功成身退，留下的影响依旧长存。而麝走过春山，草木都沾染香气，周围环境都变得美好。

这就启示我们，要积极发挥正向影响力，要用整体的眼光看世界，要把世界和自己视为一体，力求能惠及他人，为世界添彩。

二七三 平生只会量人短

平生只会量人短，何不回头把自量。

译文

一辈子只知道挑剔别人的短处，为什么不回头衡量一下自己的缺点呢？

处世智慧

这句话是在劝诫人们要自我反省，不要总是盯着别人的缺点不放，而忽视了自身的不足。

许多人往往习惯于批评他人，却忽视了对自身的审视和反省。这种倾向不仅妨碍了人际关系的和谐，也阻碍了个人的成长与进步。当我们总是盯着别人的短处时，实际上是在逃避对自己缺点的正视。《论语》所记载的曾子“吾日三省吾身”，便强调了每日多次自我反省的重要性，鼓励人们不仅要关注外界，更要审视内心，不断提升自己的品德与修养。

少看别人的缺点，多看自己的不足，勇敢地面对自己的不足，积极寻求改进的方法。只有这样，我们才能真正地成长，成为一个更加完善的人。

二七四 见善如不及

见善如不及，见恶如探汤①。

注释

① 汤：热水。

译文

看到好的行为就要效仿学习，唯恐自己跟不上；看到邪恶的事情，就如同手伸进滚烫的开水里一样，要迅速远离。

处世智慧

这句话意在劝人就善避恶。

孔子所言“三人行，必有我师焉；择其善者而从之，其不善者而改之”，便与此句精神相契合，都强调了学习善行、远离恶行的重要性。

类似的还有“近朱者赤，近墨者黑”，它告诉我们环境对人的影响，以及选择善行、远离恶行的必要性。正如“见善如不及”所描述的那样，人们应当积极追求善行，视之为崇高目标，不断努力；而“见恶如探汤”则形象地表达了人们对恶行的厌恶和排斥，如同避开滚烫的开水一般。

在面对善行时，我们应持有谦逊和渴望学习的态度，不断激励自己向善；而面对恶行，则应迅速警觉，立即远离，不容丝毫犹豫。

二七五 人贫志短

人贫志短，马瘦毛长。

译文

当一个人处于贫困状态时，他的志向和抱负往往会受到限制，显得不够远大；同样地，一匹瘦弱的马，由于营养不良，它的毛发也会显得特别长。

处世智慧

这句话用来形容人在困境中往往难以保持高昂的斗志和远大的志向，同时也暗示了环境对个体状态的影响。

人贫志短，意味着在物质匮乏的环境下，个体往往难以摆脱眼前的困境，导致志向和抱负受到压制。这并不是说贫困本身会削弱人的意志，而是指在缺乏必要资源和支持的情况下，人们可能更容易陷入消极和短视的思维模式中，难以看到更长远的目标和更多的可能性。

马瘦毛长，则是通过自然界的现象来类比人的状态。瘦弱的马匹因营养不足，毛发显得格外长，这同样可以映射到人的身上。当一个人处于困境中时，他的外在形象和精神状态也可能受到影响，显得疲惫和憔悴。

这句话启发我们，在面对物质困境时，要保持积极的心态，不让眼前的困难束缚住自己的志向。

二七六 自己心里急

自己心里急，他人未知忙。

译文

自己内心里非常焦急，但别人不会因你焦急而忙乱。

处世智慧

这句话用来表达人的感受有时并不完全相通。

每个人在面对压力和挑战时，内心都可能涌起一股难以言喻的焦急。然而，这种深层次的情感体验往往难以被外界所洞察，因为外在的行为和表情可能并不总是与内心的真实感受相一致。

另外，人与人之间并不能感同身受。即使是最亲密的朋友或家人，也可能由于各种原因而无法完全理解对方的心思。这种理解的缺失，有时会导致误解，产生隔阂，使得人际关系变得更加复杂。

二七七 贫无达士将金赠

贫无达士将金赠，病有高人说药方。

译文

当一个人处于贫困之中时，没有义士来赠送钱财；但在生病之时，却有人伸出援手，提供治病的药方。

处世智慧

这句话以对比的手法揭示了社会现象中的两面性。

前半句“贫无义士将金赠”反映了社会在物质层面上的理性和客观，即当一个人陷入贫困时，可能难以遇到那些不图回报、慷慨解囊的义士。这在一定程度上揭示了社会主流的价值观：为了不助长懒惰之风，不主张赠送钱财。

而后半句“病有高人说药方”则表示人情并不冷漠。当疾病来袭时，大家往往愿意伸出援手。这是对人性中善良与关怀的颂扬。

二七八　触来莫与竞

触来莫与竞[1]，事过心清凉。

注释

① 竞：争论。

译文

当遇到别人触犯自己时，不要与其争论；等事情过去之后，心里自然会变得平静。

处世智慧

这句话劝诫人们在面对挑衅时，应保持冷静和理智，不要轻易动怒，卷入无谓的争斗中，以免伤害自己和他人。等事情过后，情绪平复，心情自然就会平静。

很多时候，愤怒和冲动只会加剧矛盾，让问题变得更加复杂。而当我们选择以平和的心态去面对问题时，不仅能够避免不必要的冲突，还能更好地保护自己的内心不受伤害。

“事过心头凉”表达了事情过后内心的宁静与释然。它告诉我们，无论遇到多大的困难和挑战，只要我们能够保持冷静和理智，最终都能够化解矛盾，走出困境。而当一切尘埃落定，我们再回首往事时，那些曾经的愤怒和不满都会烟消云散，取而代之的是内心的平静。

二七九 秋至满山多秀色

秋至满山多秀色，春来无处不花香。

译文

当秋天来临，满山遍野都是秀丽多姿的景色；而到了春天，则到处都弥漫着花香。

处世智慧

这句话以季节更迭为背景，生动描绘了两幅截然不同的自然画卷。

前半句“秋至满山多秀色”，描绘了秋天山中风景如画的壮丽景象。随着秋风的轻抚，山林换上了斑斓的秋装，层林尽染，满目金黄，展现出一种成熟而丰富的美。这种美，不仅仅是视觉上的享受，更是心灵的洗礼。

后半句“春来无处不花香”，则转而描绘春天的景象。春天是万物复苏的季节。随着气温的回升和春雨的滋润，大地披上了绿装，各种花卉竞相绽放，散发出阵阵芳香。这种花香，弥漫在空气中，无处不在，让人仿佛置身于一个巨大的花海中，感受到生命的活力。

本则通过对比山中秋天的秀色和春天的花香四溢，展现了自然界的多样性和生命力，同时也寄托了人们对美好生活的向往和追求。

二八〇 凡人不可面相

凡人不可面相，海水不可斗量。

译文

不能仅凭外貌来判断一个人，就像不能用斗来量取海水一样。

处世智慧

这句话强调了不能以貌取人，要尊重每个人的独特性和内在价值。

庞统，三国时期蜀汉的杰出谋士，虽其貌不扬，常被世人低估，但其胸中藏有经天纬地之才。初时因外貌丑陋而未能得到重用，后幸得刘备慧眼识珠，方得施展抱负。在辅佐刘备的过程中，庞统屡出奇策，尤其在夺取益州之战中，他智勇双全，为蜀汉立下了汗马功劳。人之外表，如同海水之表面波澜，难以全面反映其内在深度与广度。智慧、品德、才华等内在特质，才是决定一个人真正价值的关键。

在人际交往中，应摒弃以貌取人的偏见，以开放、包容的心态去与人相处。

二八一 清清之水

清清之水，为土所防。济济[1]之士，为酒所伤。

注释

① 济济：形容人多。

译文

清澈透明的水，会被土壤所阻挡；很多才华横溢的人，会因过度饮酒而受伤。

处世智慧

这句话意在劝人戒酒。

李白一生嗜酒，许多传世佳作都是在酒后创作而成。然而，酒也给他带来了不少负面影响。据史书记载，李白曾因酒醉而误事，甚至错失了一些重要的政治机遇。他的才华虽然出众，但酒却成了他人生道路上的一块绊脚石。

“酒能成事，亦能败事”，这句话强调了酒的双刃剑特性。它有时能激发灵感，促进交流，但过度沉溺于其中则易消磨意志，损害健康，甚至毁掉前程。

二八二 蒿草之下

蒿草之下，或有兰香；茅茨之屋[①]，或有公王。

注释

① 茅茨（cí）之屋：用茅草搭建的屋子。

译文

在看似普通的蒿草丛中，可能隐藏着兰花；在简陋的茅草屋里，也可能住着身份尊贵的王侯。

处世智慧

这句话用来告诉人们不要仅凭环境判断事物的价值和人的身份地位，因为有时候真正美好或重要的事物可能隐藏在平凡之中。

诸葛亮虽居于简陋草庐，却胸藏治国平天下之策，此即“茅茨之屋，或有公王”之典。又如，古代隐士高人，常隐于山林野径，其生活俭朴，然其德行才学，犹如幽谷之兰，芬芳远播，此亦“蒿草之下，或有兰香”之喻。

所谓“人不可貌相，海水不可斗量”，内在价值远超外在表象。即便是布衣，未来也可能为将相。这句话告诉我们，在评价人或事物时，不应局限于环境等表面现象，而应深入挖掘其内在价值与潜力。

二八三 无限朱门生饿殍

无限朱门[①]生饿殍[②]，几多白屋出公卿[③]。

注释

① 朱门：红色大门。古代王公贵族大门往往漆成红色，后以“朱门”为贵族邸第的代称。② 饿殍（piǎo）：饿死的人。③ 公卿：“三公九卿”的简称，指代朝廷中的高级官员。

译文

许多的豪门贵族家庭诞生了饿死的后代；而许多贫穷家庭却培养出了不少高官显贵。

处世智慧

这句话深刻揭示了社会阶层的流动性与不确定性。

明太祖朱元璋出身贫寒，家境极为困苦，早年曾为地主放牛。然而，他并未被命运所束缚，而是凭借着自己的勇气和智慧，在元末农民起义中崭露头角，逐渐壮大势力。在长期的征战中，朱元璋展现出了卓越的军事才能和领导才能，他善于用人，重视民心，逐渐赢得了广大农民的支持。最终，他推翻了元朝的统治，建立了明朝，成为一代开国皇帝。

“王侯将相宁有种乎”，强调了人的命运并非天生注定，社会阶层并非固定不变，而是可以通过后天努力改变的。无论是身处富贵之家还是贫寒之家，关键在于个人的努力。

二八四 醉后乾坤大

醉后乾坤[1]大，壶中日月长。

注释

①乾坤：我国古代哲学术语。指天地或阴阳两个对立面。《周易》用“乾”表示天和阳，用“坤”表示地和阴。

译文

酒醉之后，感觉整个世界都变得宽广无垠；进入神仙世界中，岁月都变得漫长。

处世智慧

这句话常用来形容饮酒后的一种超脱世俗、忘却烦恼的心境。

酒历来是文人雅士抒发情感、寄托理想的媒介。他们常常在醉酒后，忘却尘世的烦恼，感受到一种超越现实的自由与解脱，仿佛天地间的万物都变得宽广无垠，而时间也在那一刻变得悠长。

唐代诗人李白，他的诗作中充满了对酒的热爱与赞美，他的生活也常与酒相伴。李白在醉酒后，仿佛进入了一个无拘无束的世界，天地间的广阔与时间的悠长都化为了他笔下的诗句，流传千古。

总体来说，这句话体现了一种“自我欺骗”式的生活态度，使人通过情绪性躺平获得部分解脱。

二八五 万事皆先定

万事皆先定，浮生空自忙。

译文

所有事情都是命中注定的，人生短暂虚幻，徒劳地忙碌也无济于事。

处世智慧

这句话代表了一种宿命论观点，否定了人的主观能动性，有着显著的局限性。这种观点将人生视为既定的剧本，认为人在这种剧本面前无能为力，完全忽视了人在面对困境时爆发出来的强大力量。

古人中有许多不向命运低头，积极生活的范例。例如，西汉的匡衡出身贫寒，却没有向命运低头。家中无钱点灯，他便凿壁偷光，刻苦读书。凭借不懈的努力，他终成一代经学家。东晋的祖逖不甘于偏安江南的命运，为收复中原而闻鸡起舞，苦练本领，后来成功打通了北伐的通道。

匡衡和祖逖的事迹证明，命运并非早已注定，凭借坚定的信念与不懈的奋斗，人就能打破生活的枷锁，创造出属于自己的精彩人生。

二八六 千里送毫毛

千里送毫毛[①]，寄物不可失。

注释

①毫毛：人或鸟兽身上的细毛或长毛。比喻极小或极少的事物。

译文

即使要跨越千里去寄送一根细小的毫毛，也绝不能丢失。

处世智慧

这句话体现了人们对承诺的坚守和对责任的重视。

春秋时期，吴国公子季札出使途中，路经徐国，徐国国君非常欣赏他的宝剑，虽未明说，但季札心里明白，因还要出使他国，季札便不能将宝剑相赠。待季札归来，徐君已逝，他便将宝剑挂在徐君墓旁的树上，以示自己信守承诺的心意。这个故事体现了古人对承诺的极度重视，即使对方已不在世，也要兑现自己的诺言。

将这一精神类比到“千里送毫毛，寄物不可失”上，可以理解为，无论是多么微不足道的物品，只要答应了送达，就应当全力以赴，不因其微小和路途遥远而有所懈怠。

二八七 一人传虚

一人传虚，百人传实。

译文

只是一个人传播的信息，会被视为虚假，但多人传播，就会被当作真实的了。

处世智慧

这句话深刻地揭示了一种社会心理现象，即谣言多次重复后会被当作真实的了。

古时候信息传播方式有限，人们往往依赖口头传播获取消息。这种情况下，谣言往往容易滋生和扩散。比如，在古代战争中，一方故意散布虚假情报，以扰乱敌后民心，达到不战而屈人之兵的目的。

此外，“三人成虎”的故事也与这一说法相呼应。它讲述了一个人谎报市集上有老虎，开始时人们不信，但谎报的人多了，人们便信以为真。

这句话提醒我们，在面对信息时要保持理性判断，不轻易相信未经证实的消息。

二八八 世事明如镜

世事明如镜，前程暗似漆。

译文

世间的事情如同明镜一般清晰明了；但个人的前途却仿佛被黑暗笼罩，难以看清。

处世智慧

这句话表达了人生在世，虽然可以洞察世间百态，但对于自己的未来却常常感到迷惘和不确定。

以古代文人墨客为例，他们往往能洞察世事，以笔墨描绘人间百态，如杜甫的“安得广厦千万间，大庇天下寒士俱欢颜”，便是对当时社会现实的深刻反映，展现了“世事明如镜”的一面。

然而，即便这些智者能够洞悉世间万物，他们却往往难以预料个人的前程与命运。如苏轼，一生才华横溢，却屡遭贬谪，仕途坎坷。他的经历正印证了“前程暗似漆”的无奈。

这启发我们，人生在世，既要有洞察世事的智慧，又要有面对未来不确定性的勇气与坚忍。世事虽明，但前程未卜，唯有保持一颗平常心，勇往直前，方能在人生的道路上走得更远、更稳。

二八九 人生一世

人生一世，如驹[1]过隙[2]。

注释

①驹：少壮的骏马。②隙：缝隙；裂缝。

译文

人生一世，如同白马在细小缝隙前一闪而过。

处世智慧

这句话深刻揭示了人生的短暂与时间的无情流逝。

这句话提醒我们，面对有限的生命时光，应当更加珍惜每一刻，积极追求自己的梦想与价值，不让时间白白浪费。

二九〇 良田万顷

良田万顷[1]，日食一升。大厦千间，夜眠八尺。

注释

①顷：市制中的面积单位。一顷等于一百亩。

译文

即使拥有良田万顷，每天也只需要食用一升的食物；即使拥有成千上万间的豪宅，夜晚睡觉时也只需要八尺大的地方。

处世智慧

这两句话用来形容人的基本需求其实非常有限，提醒人们不要过分追求物质财富。

尽管人们可能积累了大量的物质财富，如广阔的田地和豪华的住宅，但实际上日常所需极为有限。食物只需果腹，睡眠只需八尺之地。这句话提醒我们反思生活的本质，人不应被无尽的物质欲望所支配，而应珍惜眼前的幸福，追求内心的平和与满足。

二九一 千经万典

千经万典，孝义为先。

译文

在成千上万部经典著作中，孝顺和道义总是被放在首位。

处世智慧

这句话强调了孝顺和道义在中华民族传统文化中的重要地位。

在浩瀚的典籍中，孝顺与道义始终是最为核心、最被推崇的品质。孝顺，指对父母长辈的尊敬与关爱，是家庭伦理的基石；道义，则是处理人际关系、行为处事的准则，是社会和谐的保障。

二九二 一字入公门

一字①入公门，九牛拖不出。

注释

① 一字：这里指一纸讼状。

译文

一旦一纸讼状被提交到官府，那么即使用九头牛也很难再将其撤回。

处世智慧

这句话生动地揭示了古代诉讼之难，背后折射出官府的腐败与黑暗。

在古代，官府办案时常借机勒索民众。即使占据道理的一方，也要被盘剥。如果案件存有冤屈，想要翻案更是阻碍重重。面对这一困境，很多人选择求助地方士绅来调解。古时士绅在地方上德高望重，对乡土民情熟悉，经其调解的纠纷，不仅处理效率高，还能避免民众遭到公门的压榨。

到了现代社会，人们吸取教训，通过完善制度来消除腐败滋生的土壤。例如，从政务公开到强化内部监督与民众监督，一系列制度设计压缩了权力寻租空间，让司法与行政的每个环节都在阳光下运行，保障民众合法权益。

二九三 衙门八字开

衙门八字[1]开，有理无钱莫进来。

注释

① 衙门八字：旧时官署衙门的一种典型建筑布局。

译文

官府的大门敞开着，看似公正无私，但如果你只有道理而没有钱财，那么最好不要进去寻求帮助。

处世智慧

这句话深刻揭示了古代社会司法体系中的不公。

它描绘了一个看似开放实则门槛重重的官府形象，暗示了金钱在司法裁决中的不当影响。在古代社会中，即使有理有据，若缺乏足够的金钱支持，也难以在官府中得到公正的对待。这反映了当时社会制度的不完善与腐败现象的存在，同时也呼唤着更加公正、透明的司法体系的建设。

二九四 富从升合起

富从升合起，贫因不算[1]来。

注释

① 算：规划，计划。

译文

财富的积累往往是从一点一滴开始的，而贫穷的原因则往往是不善于规划。

处世智慧

这句话强调了精打细算在财富积累中的重要性。

财富的积累并非一蹴而就，而是源于日常生活中的点滴积累。每一分每一毫的节俭，都是通往富裕之路的基石。相反，贫困往往源于对财务的忽视与不善管理，这会导致资源无法有效利用，最终陷入困境。

这句话提醒我们，追求财富、避免贫困需要有长远的眼光和精细的管理。

二九五 家中无才子

家中无才子，官从何处来。

译文

如果家里没有才华出众的人，那么官职又怎么会落到这个家里来呢?

处世智慧

这句话强调了个人才华在获取官职中的重要性，只有具备真才实学的人，才有可能在官场中脱颖而出，获得高位。

这句话鼓励人们重视教育，培养才能和学识。同时，它也揭示了古代社会中仕途竞争的激烈和残酷，没有真才实学的人，很难在官场中立足。

这句话对于现代人来说，仍然具有启示意义，提醒我们要不断提升自己的能力，以应对社会中的挑战和竞争。

二九六 万事不由人计较

万事不由人计较，一身都是命安排。

译文

世间很多事情并不由人的争取和计较来改变，人的一生都是命中注定的。

处世智慧

这句话表达了人生的无奈。

世间万物纷繁复杂，许多事情并非人力所能掌控，过分计较只会徒增烦恼。相反，我们应该认识到，个人的命运在很大程度上是由外界环境和内在因素共同作用的结果，学会顺应时势，接受现实，努力改变命运。

本则的观点是不正确的。顺应自然并不意味着我们要放弃努力和奋斗，而是在努力的过程中，保持一颗平常心，不过分强求结果，以从容的心态去面对人生的起起伏伏。

二九七 急行慢行

急行慢行，前程只有多少路。

译文

无论是快速地行走，还是缓慢地前行，前方的道路都只有那么多。

处世智慧

这句话劝慰人们在面对人生的旅程时，不必急躁或担忧，人生的道路是有定数的。

无论是急于求成还是悠然自得，每个人都在以自己的节奏前行，而真正重要的是享受过程，珍惜每一次的成长。前路有定，重要的是给自己足够的时间去探索，去经历。

二九八　人间私语

人间私语，天闻若雷；暗室亏心，神目如电。

译文

在人间私下里说的悄悄话，上天听起来就像雷鸣一样响亮；在暗地里做了亏心事，神灵的眼睛就像闪电一样明亮，可以洞察一切。

处世智慧

这句话强调了慎独的重要性。

它告诫我们，无论身处何地，言行举止都应光明正大，因为即使是最私密的言语，也可能被“上天”所知；而在无人监督的暗处，若做了亏心事，也逃不过神灵的明察秋毫。这不仅是对个人品德的严格要求，也是对社会正义的坚定维护。它提醒我们要时刻保持警醒，做到慎独，即在没人监督的情况下也要坚守道德底线，不做出违背良心的事。

二九九　一毫之恶

一毫之恶，劝人莫作；一毫之善，与人方便。

译文

即使是非常小的恶行，也要劝诫自己和别人不要去做；而即使是微不足道的善举，也能给他人带来便利。

处世智慧

这句话意在劝人弃恶积善。

在道德修养上，不应忽视任何小的恶行，因为即使是微不足道的恶，也可能逐渐累积成大的伤害；同时，也应珍视并践行每一份微小的善举，因为这些善行能够汇聚成爱的海洋，给周围的人带来温暖和便利。

故而，“勿以恶小而为之，勿以善小而不为”。

三〇〇 亏人是祸

亏人是祸，饶人[1]是福。

注释

① 饶人：宽恕别人。

译文

伤害别人会给自己带来灾祸，而宽恕别人则会为自己带来福报。

处世智慧

这句话强调了待人接物中宽容与慈悲的重要性。

有一些人做人不大度，为人不厚道，总觉得所有人都亏欠他，所有人都该对他付出。这样的人只能占一些小便宜，绝对难成大事。

宽容胜过责备。宽容别人本身就能带来身心愉快。

以损害他人为手段追求私利，终将自食其果，招致灾祸；而宽容待人，以和为贵，则能为自己积累善缘，带来长远的福报。

三〇一 天眼恢恢，报应甚速

天眼恢恢，报应甚速。圣贤言语，神钦鬼伏。

译文

上天的眼睛明亮而广泛，降临报应也非常迅速。而圣贤的言论，神灵都钦佩，鬼魅也敬畏服从。

处世智慧

这句话强调了天理的公正无私和圣贤的崇高地位，告诫人们要敬畏天道，遵循圣贤的教诲。

有一首诗说：“善恶终有报，天道好轮回。不信抬头看，苍天饶过谁？”世间的一切，都是因果，种下了什么样的因，便会结出什么样的果。努力付出了，才会有收获；坚持到底，希望才会出现；选择善良，才能收获心安。

句子中的“圣贤言语，神钦鬼伏”，强调了圣贤教诲的崇高地位，它们不仅是人类智慧的结晶，更因符合天道而被神灵所钦佩，被鬼魅所敬畏。这句话鼓励人们尊重并学习圣贤的教诲，以提升自身的道德修养。

三〇二 人各有心

人各有心，心各有见。

译文

每个人都有自己的想法，每个人的想法各不相同。

处世智慧

这句话强调了人与人之间的差异性，这种差异性体现在价值观、信仰、生活态度等各个方面。所以，我们在与人交往时，在处理事情时，要尊重他人的观点和选择，以包容和理解的心态，去接纳不同的声音。

三〇三 口说不如身逢

口说不如身逢，耳闻不如目见。

译文

听别人口头讲述不如自己亲身经历，用耳朵听到的不如亲眼所见来得真切可靠。

处世智慧

这句话强调了身体力行的重要性。

仅仅听别人口头描述的事情，我们往往难以获得全面而真实的信息。只有通过亲身经历和亲眼所见，我们才能对事物有更为深刻和准确的理解。这种观念鼓励我们勇于实践，亲身体验，以获取第一手资料，从而作出更为明智和准确的判断。

同时，这句话也提醒我们，在获取信息时要保持谨慎，避免被片面、虚假的言论所误导。

三〇四 养军千日

养军千日，用在一时。

译文

长期供养和训练军队，是为了在关键的时刻能够派上用场。

处世智慧

这句话告诉我们平时积累与准备，关键时刻才能够迅速发挥作用。

平时的训练与准备是必不可少的，这些看似平凡无奇的日子，实则是为将来可能面临的紧急情况而做的充分准备。当危机来临时，这些经过严格训练的军队便能够迅速响应，发挥出强大的战斗力。

这句话同样适用于其他领域，提醒我们无论是在学习、工作还是生活中，都要注重平时的积累与准备，以便在关键时刻能够抓住机遇，应对挑战。

三〇五 国清才子贵

国清才子贵，家富小儿骄①。

注释

① 骄：骄纵，傲慢。

译文

国家政治清明时，有才华的人会受到尊重；而家庭富裕了，往往容易导致孩子变得骄纵和傲慢。

处世智慧

这句话反映了社会环境和家庭背景对个人成长的影响。

前半句“国清才子贵”，强调了在一个政治清明、社会公正的国家里，真正有才华的人会得到应有的重视和尊重，这是社会进步的体现。

后半句“家富小儿骄”，警示我们，家庭富裕虽然为孩子的成长提供了更好的物质条件，但如果不加以正确引导和教育，也容易让孩子变得骄纵，失去谦逊的品质。

三〇六 利刀割体痕犹合

利刀割体痕犹合，恶语伤人恨不消。

译文

锋利的刀子割伤身体，伤口容易愈合；恶毒的言语伤害人心，留下的怨恨难以消除。

处世智慧

这句话强调了言语伤害的严重性。

在人际交往中，我们应当谨慎选择言辞，避免使用恶毒、伤人的话语。因为身体上的伤痕，虽然疼痛，但随着时间的推移，往往能够逐渐愈合；而心灵一旦被恶语所伤，往往会留下难以磨灭的阴影，让人长久地承受痛苦和怨恨。

三〇七 公道世间惟白发

公道世间惟白发，贵人头上不曾饶。

译文

在这个世界上，只有岁月流逝是不会偏心的，就连那些权贵也无法逃脱头发变白这一自然规律。

处世智慧

这句话表达了时间对每个人都是公平的。

无论贫富贵贱，时间都是公平的，它不会因为你的身份地位而有所偏袒。白发，作为衰老的标志，无论是对普通人还是对权贵，都会毫不留情地降临。这句话提醒我们，时间是公正的，要珍惜时间，珍惜生命，因为时间一旦流逝，就再也无法挽回。同时，它也告诫我们，不要过分追求权势和地位，因为这些东西在时间的面前都是虚无缥缈的。

三〇八 有钱堪出众

有钱堪[1]出众，无衣懒出门。

注释

①堪：能够，可以。

译文

有钱的人显得与众不同，而没有得体衣物的人则懒得出门。

处世智慧

这句话讲的是物质条件对人的影响。

金钱和外表在一定程度上能让人更自信，吸引关注，但我们不能将其视作唯一的价值目标。财富可助力我们实现梦想、提升能力，创造更多的价值，但精神富足才是核心。没钱没华丽衣衫时，不必自卑退缩，而是要把精力放在内在修养的提升上。用知识武装头脑，用品德塑造灵魂，以谦逊好学的态度待人接物，以坚韧不拔的毅力追求崇高的目标。

当内在足够强大时，即便外在朴素，也能散发独特的魅力，赢得他人的尊重。

三〇九 为官须作相

为官须作相，及第①必争先。

注释

① 及第：旧称科举考试中选。

译文

做官的人要有志向成为宰相那样的高官，而在科举考试中则要争取名列前茅。

处世智慧

这句话体现了一种积极进取的人生态度。

为官者要立志做宰相，与“不想当将军的士兵不是好士兵”意思类似，这就意味着要有宏大抱负，不满足于平庸的政绩，以心怀天下的胸襟，为百姓谋福祉，推动社会发展；求学者渴望在科举中争先，意味着要在知识的海洋中奋力拼搏，扬帆远航，这样才能最终抵达成功的彼岸。

人生在世，志当存高远。将目光放长远，用高标准严格要求自己，激发无限潜能。即便最终未能登顶，也能在这个过程中收获成长与进步，努力做到最好。

三一〇 苗从地发

苗从地发[1]，树向枝分。

注释

①发：发芽。

译文

幼苗从土地里生长出来，而树木从树干上分出枝杈。

处世智慧

这句话表面描绘植物生长情况，实则蕴含“同根同源”的深刻哲理。

苗破土而出，树由主干分枝，追根溯源，它们都始于大地深处同一根源，理当同舟共济。在人类社会，这一理念同样适用。中华民族源自共同的祖先，同根同源的我们虽历经岁月变迁，形成不同地域文化与分支，但文化脉络始终相连。如遍布全球的华人，尽管身处不同国家，生活方式有别，却仍保留着春节、中秋等传统节日，共同传承着中华文化的基因。在抗日战争中，祖国遭遇危难，海外诸多华人都为抗日力量提供了支持，体现了系出同源、团结一心的精神。

三一一 父子和而家不退

父子和而家不退，兄弟和而家不分。

译文

如果父子之间和睦相处，家庭就不会衰败；如果兄弟之间团结一致，家庭就不会分裂。

处世智慧

这句话强调了家庭成员之间和谐关系的重要性。

宋代苏洵、苏轼、苏辙三父子，生活中和睦融洽，事业上互相支持。他们感情深厚，文学造诣极高，共同推动了宋代文化的繁荣。由此可见，家庭成员间的和睦与团结，对于家族乃至国家的稳定发展至关重要。

三一二 官有正条

官有正条[1]，民有私约。

注释

① 正条：国家正式颁布的法规条文。

译文

官府有正式的法律条文和规范，而民间则有私下签订的契约。

处世智慧

这句话讲的是法律与契约。

古代社会，官府颁布律法，如《唐律疏议》，为官员、百姓生活立下正条，确保社会秩序。然而，民间社会复杂多变，除了官方正条，还常有私约流传，如邻里间的互助协议、商贾间的交易习惯等，这些私约虽非官方认可，却被民间百姓广泛遵循，成为维系社会和谐的重要纽带。如《水浒传》中，梁山好汉虽为草莽，却也讲究规矩，这些规矩便是他们之间的私约，体现了民间社会的独特秩序。

由此可见，官有正条以定国，民有私约以安身，二者相辅相成，共同构建了社会的稳定与繁荣。

三一三 闲时不烧香

闲时不烧香，急时抱佛脚。

译文

在空闲的时候不去烧香拜佛，等到有急事的时候才匆忙地去求神拜佛。

处世智慧

这句话用来批评平时不做好准备，只在需要时才仓促行事的行为。

相传古时有一人，平日不信佛，不虔诚礼拜。一日，他遭遇大难，于是急中生智，跑到寺庙抱住佛像的脚，祈求佛祖保佑。虽最终化险为夷，但此事被传为笑谈。

此典故告诫我们，平时应未雨绸缪，勤修善行，不可临时抱佛脚，期望侥幸逃脱。在生活中，也应重视平日积累，无论是学习还是工作，都应持之以恒，方能在关键时刻从容应对。

三一四 幸生太平无事日

幸生太平无事日，恐逢年老不多时。

译文

很幸运能够生活在太平无事的年代里，但同时又担心随着年岁的增长，这样的好时光可能不会持续太久。

处世智慧

这句话表达了人们对于太平盛世的珍惜，以及对时间流逝的忧虑。

贞观之治、文景之治等太平盛世，百姓安居乐业，文人墨客多有歌颂，正是对“幸生太平无事日”的生动写照。然而，古人亦深知人生苦短，如曹操《短歌行》中“对酒当歌，人生几何”之叹，便是对“恐逢年老不多时”的共鸣。这句诗提醒我们，应珍惜眼前的和平与安宁。

三一五 国乱思良将

国乱思良将，家贫思贤妻。

译文

当国家陷入混乱的时候，就会期盼优秀的将领；当家庭陷入贫困的时候，就会渴望贤惠的妻子。

处世智慧

这句话表达了在逆境中人们对于优秀人才的渴望和依赖。

国家危难之际，如春秋战国，群雄并起，各国皆思贤能之士安邦定国，如齐之管仲、秦之百里奚，皆为优秀人才，助国君成就霸业。家庭贫困之时，贤妻如三迁之教子的孟母，当垆卖酒的卓文君，能于逆境中持家兴业，共度时艰。

此言既是对人才价值的肯定，也是对家庭和谐重要性的强调，鼓励人们在困境中寻求并珍惜那些能够引领方向、共渡难关的人才。

三一六 池塘积水须防旱

池塘积水[①]须防旱，田地深耕足养家。

注释

① 积水：蓄水，储水。

译文

池塘里需要存水以防备干旱时期，而田地则需要深耕细作以确保能够养活家庭。

处世智慧

这句话体现了居安思危的思想。

池塘蓄水，是为防备干旱时水源短缺，警示我们要有未雨绸缪的意识。生活中，不能只看眼前的安逸，而应提前规划，储蓄资源、积累知识与经验，以应对未来的不确定性。

田地深耕，作物方能茁壮成长，确保家庭生计。这启示我们，做任何事都要脚踏实地、全力以赴。对待工作，投入精力、钻研深耕，才能收获事业的丰收；对待生活，用心经营、精心打理，日子才会越过越红火。

只有在当下辛勤付出，做好准备，未来的生活才能安稳无忧，绽放幸福之花。

三一七 根深不怕风摇动

根深不怕风摇动，树正何愁月影斜。

译文

如果树木的根系扎得足够深，那么它就不会害怕狂风的摇动；如果树木本身长得正直，那么它就不会担心月光下的影子会倾斜。

处世智慧

这句话用来比喻人如果根基稳固、品德端正，就能在各种困难和挑战面前保持内心的坚定和立场。

诸葛亮，躬耕南阳，深谙兵法政略，根基深厚，故能辅佐刘备，三分天下，面对强敌而不惧。又如岳飞，精忠报国，正气凛然，其“还我河山”之志，如树之正，不畏奸佞之谗言诽谤，月影虽斜，难掩其光。

此句借自然之景喻人之品德，强调根基稳固与品行端正的重要性，无论外界如何纷扰，只要根基稳固，心怀正义，自能屹立不倒。

三一八 奉劝君子

奉劝君子，各宜守己。只此呈[①]示，万无一失。

注释

①呈：恭敬地送上去。

译文

我诚恳地劝告各位有良好品德的人，每个人都应该坚守自己的本分，只要做到这一点，就能确保万无一失。

处世智慧

这两句话是《增广贤文》全书的结束语，点出了阅读此书的目的。

作为一部集结古代智慧与民间谚语的经典，《增广贤文》语言简练、寓意深远，涵盖了为人处世、求学治家等多方面的哲理，对后人有很强的启发性和教育意义。它传承了中华民族优秀的道德观念和价值取向，如勤劳、节俭、诚信、孝顺等，对于培养人们的良好品德和社会责任感具有积极作用。

当然，用现代的眼光看，《增广贤文》中存在一些陈旧思想和过于世俗化的观点，这些与当今社会的价值观存在一定冲突，需要我们在阅读时进行批判性思考，取其精华，弃其糟粕。